启真馆 出品

编辑这种

[日]见城彻 著

邱振瑞 译

ZHEJIANG UNIVERSITY PRESS

浙江大学出版社

目　录

序章

驶向苦难之港

　　离开广济堂出版社到角川书店任职，并负责编辑该公司刚创刊不久的文艺杂志《野性时代》时，我只有二十五岁。每次造访作家的家里，在场的责任编辑群当中，总是我年纪最小，他们常对我说"你是最年轻的呀"，让站在角落里的我更显得诚惶诚恐。回想起来，这些往事宛如昨日般历历在目。

　　如同"Only Yesterday"那句英语，我深切感受到三十年的时间真的是转眼即逝。在我不断往前奔波打拼之际，不觉间我已迈入五十五岁的大关。至今我仍不敢相信自己还能以编辑的身份，与成名的作家们面对面接触，只是现在无论在什么场合，我都是最年长的编辑，便频频思考如何给自己的编辑生涯划上句点。

　　一直以来，我始终坚持只要自己还担任编辑，绝不出版自己的个人著作。打从我创设幻冬舍前后，就有不少出版社表示"想出版见城先生的著作"，每次我都予以谢绝。

　　所谓编辑原本就是"从无到有；将人类抽象的思想与意识，制作成商品（书籍）借此赚取利润"的工作。魔术师变魔术尚有机关暗门可循，而编辑就好比没有道具的魔术师，要将人的思想与意识制作成商品，如同流云过眼难以捉摸。在我看来，要诚实地体现这个创意，编辑的做法就会受到严厉的诘问。换句话说，编辑能坦诚至何种程度与作家交心契合都是无从回避的重要课题。

比方说，为了能理直气壮地向作家们说"你一定要将这些想法付诸文字，否则你永远无法进步"时，首先编辑的立场就会受到质疑。或许作家最不想碰触的主题，正是编辑最希望作家撰写的，编辑相信那才是最精当的内容，因此绞尽脑汁要作家开笔为文，假若这时编辑为自己出书，对作家们岂不是很严重的冒渎？基于上述考虑，我至今不曾写书出版。（我参与演出NHK电视节目《课外教学　欢迎学长莅临》，该文字记录后来集结成册，但该书的作者由NHK挂名，所以我才同意出版。该书书名为《编辑斗士——见城彻》，让我觉得很难为情）。

三十几年前，我大学毕业后进入广济堂出版社任职，第一年企划编辑出《公文式数学的秘密》一书，在当时大为畅销；该书也是我改润成稿的。每次想到这本书，不仅惊讶这是我担任编辑第一年时推出的书籍外，也对于其内容与自己最初的理念如此契合感到讶异。或许出版那本书是出于巧合，但该书内容却奠定我后来编书的风格。

担任编辑第一年的某个午后，我和女朋友相偕在新宿御苑前漫步时，经过一栋名为天鹅名厦的住商混合大楼，我注意到该大楼奇数楼层挂着"公文数学研究会"的招牌。那时不懂什么叫做公文数学，连公文两字的汉字发音都念错，还心想，公文数学是什么啊？从那以后大约过了两星期，在报纸上的广告栏发现一则小广告"招募公文数学教室指导老师"，方知原来天鹅名厦里的"公文数学研究会"是一家补习班，他们要将其独特的专业知识开班授徒。

我总认为会畅销的内容（无论是书籍、电视节目或任何传媒）都具备四个要素，只要能成就这些条件，必定会大受欢迎。

1　具原创性

2　浅显易懂

3　与众不同

4　感染力强

上述原则是我从长年担任编辑的经验中，擅自归纳的结论，不过现在回想起来，《公文式数学的秘密》一书均完全符合上述四项条件。公文式学习法的商业模式富有原创性，且其仅凭借持续计算的学习法与众不同，而且又是浅显易懂的专业知识。当时我进而深思着：开班授徒的话，就有学生来补习班上课，连带也会吸引学生家长，因此补习班除了授课之外，也可以成为该书的销售通路。如此一来，该书卖个三万本应该不成问题，要不学生的父母或其他亲友亦可到书店购买这本书，那该书就能登上畅销书排行榜，让这本书的销售更加如虎添翼。这就是所谓具备感染力的内容。

我担任编辑第一年企划出版的这本书，几乎都符合这四项条件，最后创下超过三十万本的销售佳绩。有些话从自己的嘴里说出来有点奇怪，但我认为自己的事业有个创举性的开端。自从我推出编辑处女作就染上了怪毛病：书籍若无法畅销便失去出版意义。

由于《公文式数学的秘密》大受欢迎，原本只有五万人的公文式数学会员短时间内迅速增加，研究会总部的电话响个不停，业绩瞬间急速成长，他们的办公室很快就由天鹅名厦搬到新宿西口、建筑宏伟的明宝大楼里；接着又搬到三井大楼，没多久就在市谷兴建自己专用的办公大楼。后来该公司快速窜升为年营业额超过六百亿日元，在教育产业界前途无可限量的大公司。

约会散步时偶然看见的偌小招牌，不仅日后催生出广受欢迎的畅销书，促使公文式教学事业起飞，并且决定了我后来的命运。这么说或许有些牵强附会，但我的事业确实因为这本书而展开。天鹅名厦时期"公文数学研究会"的元老们多半已经作古，但当初我像个业务员冲到他们面前问，"你们要不要出书？"并努力说服他们，看到他们从未想过要出版专业书籍，对此模棱两可和瞠目结舌的模样，对我而言真是宛如昨日般的情景。

进入广济堂出版社立刻就能推出销售三十多万本的畅销书，确实非常幸运，但之后不久，单是企划出书或仅是推出实用书籍，已经不足以吸引我，我开始热切盼望可以参与文艺类书籍的出版工作。我原本就喜欢阅读小说，但直到与荣获芥川文学奖的作家高桥三千纲结识，才点燃了这个机会。

事情的原委如下。

当时的高桥三千纲是《东京体育报》的记者。同一时期我负责编辑的《十万日元创业秘诀》，那时候销售成绩算是差强人意，但某日突然有位自称任职于《东京体育报》姓高桥的男记者打电话到我们编辑部，表示无论如何都希望可以采访该书的作者三宅竹松，还强调这次采访能够增加该书在市场上的能见度。现在回想起来，那次采访究竟为《十万日元创业秘诀》增加了多少能见度，令人非常怀疑，但因为高桥答应用很大的版面刊载那篇专访，打响三宅竹松这个名字有点讨喜的作者，所以我才同意他的请求。而这就是我与高桥"建立日后交情的开端"。

那次采访结束后不久，有次我翻阅《朝日新闻》的时候，看到一篇附照片的报道，标题为"高桥三千纲先生荣获《群像》新人奖"。当时我觉得有点惊讶，盯着报纸上那张小照片猛瞧，怎么看都像是那位《东京体育报》的记者。于是我迅即拿起话筒拨电话到《东京体育报》，劈头就问他"刊登在《朝日新闻》上的照片是你吗?"

高桥不带感情僵硬地回答说"是啊"，当下我便说"那就让我做东帮你庆祝一下吧"。

此后，我们每天晚上流连在新宿附近饮酒作乐，交情日渐深厚。在与高桥每天晚上的聚会中，我结识了中上健次、立松和平与冢公平（金原峰雄）等当时的年轻作家，因此我对出版文学和文艺书籍的渴望日益加深。我自己也曾梦想过要创作文学小说，然而，认识中上健次等作家以后，才知道他们强烈地感到自己与这个世界和整个日本社会格格不入，内心存在着冲动而难以抑制的灵魂，必须借由文字的力量来自我救赎，我并没有那种强烈的激情，也不觉得和社会格格不入，但是我想要与真正的文字创作者共事，希望接触文字创作这个充满魔力的精神活动。我无法在广济堂出版社呆下去，总觉得从早到晚忙着处理编辑企划像是在虚度时光。我想要成为刺激这种作家的触媒，希望帮他们策划文艺作品，而如此热切的想望深深召唤着我。

不久后，我很快地在角川书店找到一份兼职打工的差事，那时我曾与挚友高濑幸途谈及这个想法。高濑幸途目前为太田出版社的社长，同时也是负责《编辑这种病》这本书的编务。由于当时高濑任职于洽谈海外书籍翻译权的公司，与国内出版社往来密切，我是透过他的介绍顺利进入角川书店的。

后来，我成为角川书店的正式员工，高桥三千纲可说是居功厥伟。那时候角川书店的角川春树社长计划打造一艘名为"野性号"的古船，并按照《魏志倭人传》中描述的路线，由釜山出发一路航行到博德，要与角川春树社长一起搭乘古船航海，并撰写一篇采访报道，实在是件麻烦的苦差事，但高桥三千纲真的面带苦涩、勉为其难地为了我而接下这份工作。多亏高桥三千纲不辞劳苦的鼎力相助，最后我才得以顺利保住角川书店正式员工的饭碗。在那之后，我已下定决心，无论三千纲日后提出多么任性的要求，我都要鞠躬尽瘁回报。

随着我正式展开文艺编辑生涯的同时，我的编辑症候群亦日益加剧起来。毕竟我在角川书店最初负责的工作，就是将森村诚一在文艺杂志《野性时代》上的连载小说《人性的证明》集结成册，该书后来在角川春树社长的努力下被拍成电影，最后总计销售四百万册，堪称是一本超级畅销书，因此我命运的转轮不得不加速前进。瞥见公文式数学的广告牌是我生命中的巧合，与高濑和三千纲相遇也是个巧合，角川春树社长对我说"他是个具有爆发性潜能的畅销作家"，所以要我负责编辑森村诚一的小说，同样只是个巧合。回首我这三十年来的岁月，我不得不为自己多变的命运感到惊叹，正因为那时候接连的因缘巧合，才使我走上"戏剧性的人生旅程"。

在这戏剧性的因缘际会下，我的肉体与精神每天承受着沉重压力，犹如被撕扯般痛苦。我除了面对公司内部的压力之外，一年三百六十五天，每天都必须与作家、诗人、运动选手、音乐家或演员斗智费神。我要应付的对手不是少数，至少有上百名的文艺创作者名单不断地在我脑海里打转，可说每天都活在"病狂"与"战斗"之中。从那时候起我罹患严重失眠，加上各种接踵而至的突然状况，使得我处在发疯的临界点。虽然我仍继续编辑的工作，在精神上与创作者们同游，但是我的精神之旅最终却走向地狱，而绝非天堂。然而，对创作者来说，正因为地狱才有遍地黄金，所以我每天都过着精神折难的日子。

法国诗人兰波（Rimbaud）在《地狱一季》的《告别》中这样写道：

"秋天。我们的船在凝滞的雾中飞腾着，驶向苦难之港——泥、火弥天的大城。"

兰波这首诗所说的，正是创作者和其作品间的戒律和行动准则。它要驶向苦难之港，而非安全的避风港。对我而言，直面苦难化为黄金的瞬间，是一种无可取代的狂喜。这才是我所谓名副其实的编辑症候群。

为何我这次决定要为自己出书呢？尽管我曾下定决心，只要担任现职的编辑，就不会著书出版，现在竟敢打破这项禁忌，是有其原因的。

有个令人感伤的念头不时纠缠着我：我从事编辑工作已三十余年，活了大半辈子，接下来就只有等死一途。人生真的是转眼即逝。高中三年晃眼即过，仿佛才刚升上高一，立刻就要面临大学入学考试；而现在则像是刚做完每年的定期健康检查，却旋即又到了做健检的日子。照这样推论，我很快就年届花甲，

驶向苦难之港

9

而大去之日亦不远矣。今天出生的婴孩们，百年之后全都归于尘土。万物的命运皆是如此残酷，即使在我死后千百年后，甚至亿万年后也不会改变。当然那时我已经不在人世。对我来说，所谓的死亡就是回到出生前的状态。命运于亿万年前就确实存在，只是当时我还不存在。我满脑子想的都是平安时代的青年想到自己总有一天将离开人世而潜然泪下的瞬间，与"我眼前的当下"其实有所关联。相反的，假如人可以永生，那么人生问题和生活中的种种烦恼，基本上应该都会烟消云散。正因为人只能活一次，而且时间有限，所以人的一生中，无可避免地必须迎战各种烦恼和纠葛。也因此当内在激情萌发，无论是来自精神上的感动、绝望、悲情或肉体需求的满足，人人都需要透过各种文艺创作来抒发情绪从而得到救赎。

德国导演文德斯（Wim Wenders）有部电影名为《柏林穹苍下》，剧中描写一个天使旁观人类的世界。天使持续观察柏林两千年来的历史变革，以及当地居民的喜怒哀乐，而只要天使一直扮演旁观者的角色，就可以长生不死，但他却无法感受到七情六欲。因此电影中描写天使的场景都是以黑白画面呈现。然而，后来天使爱上人间的女子。他舍弃了旁观者的角色，希望可以与其他人产生联结和互动。换句话说，他开始渴望能拥有自己的生命。即使人生只有一回，而且人的生命有限，即使在人生路上可能遭遇绝望和烦恼，天使仍然舍弃继续做个平静闲散的旁观者，选择实际体验流血、流汗、伤痕累累的人生。这时候，电影开始以彩色画面进行，代表天使准备展开短暂而未知的人生旅程，亦即天使已下凡来到人间，生命的旁观者已转变成生命的实践者。日本思想家柄谷行人把这种情况称之为

"黑暗中的跃进"。

　　我认为泽木耕太郎的《深夜特急》一书，同样是描写"黑暗中的跃进"的作品。二十六岁的泽木耕太郎挑战一个未经周延计划的实验，打算从印度的德里借着连续转搭公交车的方式，前往英国伦敦。他的旅行从香港开始，花了一年的时间，他在这趟旅程中，不断经历黑暗中的跃进。一向擅长扮演旁观者角色的泽木耕太郎，在这次旅行中或许不得不亲身体会那种身处局外和异乡人的外部经验。依我之见，他这趟旅行可说是他挣脱自己过去人生枷锁的奔逃之旅，或者这就是总是扮演天使的他所期待的人间新旅程。在这俗世之中，人人都曾经是天使。泽木耕太郎于《深夜特急》中，记录了"在黑暗中跃进"的精神轨迹，震撼读者的心灵，因此我认为这本纪实文学作品，堪称是优秀之作。而我也可以了解泽木耕太郎是以何种心情，在此书中写道，旅行时带着汉诗集，在唐朝以虚幻著称的诗人李贺"二十七岁就能做到自我毁灭"，所以漫长的旅程最后，泽木从伦敦发了一封假电报给日本的朋友，表示"我没能抵达"。尤其是泽木在地中海的船上，以书信形式写作的"丝绸与酒"那个章节，与之前的各个章节内容有所不同，直接道出作者的人生感喟，格外令人印象深刻。

　　人活着就是不断地在黑暗中跃进。这么看来，我的人生也是在编辑这个漫长的旅程中度过的，而且始终与创作中的激情和救赎脱离不了关系。因为我向来相信唯有"在黑暗中的跃进"，方能缓和并解除痛苦。

　　创作是孤独的。耶稣用羊来比喻人，在上百只羊当中，总会有一只多余的、异常的、在群体中落单的羊。我认为反映那一只羊的内在世界就是创作。创作是为了这个目的而存在。因此要维持共同体，需要伦理、法律、政治等等要件，但创作则是为了那只苦闷的、在共同体中格格不入的羊而存在。

倘若是医生打针就能治好的疾病，可以去找医生；假如是吃药就能改善的症状，可以去药房。如果是透过自然科学或社会科学就能解决的问题，可以去研读科学知识。设若是电子科技可以解决的问题，就依赖电子科技也无妨。但是你只能到世间走一回，出生的时间、地点和家庭又由不得你选择，在这种情况下，遇到非得透过创作才能解决的问题时，你也只能自己一个人承受。

我很清楚自己已年过半百，越来越靠近死亡。虽然二三十年前的往事，对我而言都记忆犹新，恍如昨日，但我的躯体确实不断在衰老。即便我为此感到懊恼，却也十分了解自己日渐老化的事实。我自作主张地认定，自己大约可以活到七十岁。现在算起，剩下不到十五年的光景。驾鹤西归的日子应该转瞬间就会来临吧。无论是暑假、黄金周、过新年或是赏花活动，我也许都只能再经历十几次。所以我想认真参与生命中的每个活动，但越是想用心过日子，就越发多愁善感，忍不住潸然泪下，泪眼迷蒙的次数遽然增加。

从结识高濑并得其襄助进入角川书店，至今我与高濑的生命仿佛互相紧密牵连，即使最近这十年来，我们很少见面，但彼此在面对人生重要关口时，都能感受到对方的支持。我们之间也曾发生过争执，甚至为了争夺同一个女人而撕破脸，但深厚的信赖感总能维系我们的友情，我深深觉得自己能在人生和事业上尽心尽力，正是因为有高濑的支持。当初我随口问高濑有没有兴趣出版我的书时，没想到他竟然说他希望以我的书作为其编辑生涯的休止符。虽说除了高濑之外，我并未打算让其他人出版我的书，我也知道他不会拒绝，但既然高濑都这么说，让我更确信"这本书非写不可"。

这本书是我身为现职编辑和承受编辑症候群所苦的总结，因此也算是我人生的总结。我总是将自己的生活态度融入工作其中。无论是我平常遇到的各种问题和迎战难关，或是我对情人的思念，都将会在我的书里一一浮现。这本书可说是我还活着的证明，因为我的失败困顿、幸福喜悦和事业高潮都铭刻在其中。多年来，我的工作就是持续将创作者的精神世界，以书本的形式呈现。因此书里肯定或多或少留下我的印记。

这本总结自己人生的书，将是长年支持我的高濑编辑的最后一本书，所以我也决定将自己的编辑生涯在此告一段落，试图回到往事的现场中。我这么做是否能得到谅解呢？我是这样拼搏过来的。高濑啊，你的人生又是如何走过来的呢？

三十年前，你突然音讯全无。有人说你受到过去所属的非法革命党所托，跑去从事地下情报工作，各种流言蜚语甚嚣尘上，而你三年后才与大家恢复联络。那段时间里，到底做了些什么，至今你都未曾提起。难道你也搭上了属于自己的"深夜特急"吗？尽管你也在心里暗自嘟哝着"我没能抵达"，但最后仍与现实妥协继续在这俗世营生。

你回来的那天，我们相约在神保町的街角，你轻微地跛着左脚，脸上泛着微微笑意，逆着光缓缓地走向我。那天相逢的情景我永远也不会忘记。

听说高濑编完这本书后不仅要结束编辑生涯，还将卸下出版社社长的宝座。

请让我再说一次。高濑啊，我是这样拼搏过来的。

不，应该说我只能这样生存下来。

你是怎么走过来的呢？这本书可以成为你编辑事业的句点，让我感到非常自豪。

就这样，《编辑这种病》这本书于焉诞生。

第一章

作家症候群

谜样的吸血鬼　村上龙

简要地说，阿龙这个人的意志非常坚定，同时又是性格朴实不拘小节。因此他笔下描绘的世界，总是洋溢着极度快速而热情的强烈能量。

假如村上春树是用低温且网眼极细的筛子，精细地撷取时代面向与人性，那么阿龙就是用高温而网眼极粗的筛子捕捉上述的特质。虽说他的网眼较粗，但是因为速度够快，能量够强，最后还是能完整捕捉全相。

他向来以快乐为原则展开行动，为了追求物我合一，总是勇往直前。无论是网球、F1 赛车或潜水，对他都是透过身体能得到的感官享乐。即使如此，他在当代文坛仍充满魅力。他现在之所以仍受广大读者的支持，或许是因为他的敏锐性和想像力凌驾在时代之上吧。

阿龙在肉体感官上容易受到巨大、强烈而丰富的东西吸引，因此有时很难抗拒权力、超人这种作为终极形式的法西斯主义。不过，这就是歧视者和被歧视者的本质。阿龙很清楚色情和苦闷等一切构成动人故事的主要元素，都来自这个本质。换句话说，阿龙对歧视和快乐非常敏感。他的创作经常是以个人的快乐为中心思想。在他看来，每个人都是在"群体"、"自然"和"时间"共构的故事中过日子。这些要素意味着丰富多彩的故事的诞生。然而，众生也就是在这些故事中，不断遭到践踏。那么如何才能突破这些故事的藩篱呢？阿龙正好具有这种誓要突破这些故事藩篱的野性。换句话说，他的体内豢养着许多凶猛的野兽，因此与其说他想要杀出围困，毋庸说他若不冲出藩篱决不善罢干休更为贴切。或许他之所以养成这种性格，是因为他自己也害怕脱离社会体制和群体。人们常说，创作者和犯罪者只有一线之隔，阿龙身上应该就有这种违背道德的感官欲望吧。而且，我认为他在理性思维之外，还能以身体感受天地宇宙的讯息，可说是个非常罕见的杰出作家。

我不了解他的地方可多着呢。虽说他是我最亲近的作家之一，而且我们又有二十五年的交谊，但他依旧是谜样的人物。我既不清楚他真实的私生活，也不曾看过他写稿的模样。年轻的时候，我们曾经假借写稿之名，用公司（角川书店）的交际费在川奈大饭店投宿。我们住最豪华的房间，尽情畅饮最上等的葡萄酒，享用最高级的美食。那时候我们不打高尔夫球，所以整天打网球，打到太阳下山为止，流汗成为一件美好的乐事。我们每个月都在川奈大饭店住一个星期，这样的生活大约持续了两年左右。后来，阿龙把那段日子写成小说，名为《网球男孩的忧郁》。那两年中，我们两个共同度过许多甜美的日子，之后也经常见面，但就是对他所知有限。

我最早是从《朝日新闻》披露当届群像新人文学奖的报道知道村上龙这个作家的。报道上说，他是个文坛的奇葩，还附了一张非常小的大头照。我看到那张大头照，便觉得此人是个怪才。于是用尽各种手段查出他的住址和电话，在当期《群像》出版上市前，约他在新井药师（地名）的咖啡厅见面。我觉得他的眼睛犹如禽鸟的眼睛，十分美丽。如同一只受伤的鸟儿在屋檐下收翼颤抖着，但眼神中仍蕴含着求生意志，而村上龙的眼神就是如此。"你连我的作品都没看过，为什么就说我很厉害呢？"阿龙露出纳闷的神情。事实上，我在阿龙那张小小的照片里，就直觉他是个天生的情色文学好手，与本尊见面后更觉得他绝非等闲之辈。

他为何感到悲伤、为何苦恼、为何喜悦、为何着迷，他所有的情绪看似显而易见，其实深不可测。而他又是如此纯真率直，简直是一个完美的谜团。我和他的关系非常单纯，两人各自过着独立的生活、不互相依赖。阿龙常常说"我好像从来没有依赖过见城"。这或许是我和他维持长久情谊的秘密吧。不互相依赖的性行为会是什么样子呢？我想试试和他发生不互相依赖的性关系（笑）。这需要两人坦诚相见，然后进行所谓肉体上的结合才知道答案吧。只要一次就好，因为我对男人没有兴趣（笑）。哎，谜团到头来终究还是谜团，但是透过同床共枕，肌肤相亲，直接吸闻他的体臭，应该可以发现些线索吧。经过这么多年的累积，现在阿龙的眼神已不再是当年受伤小鸟，而是有点像猛禽类更具凶猛的眼神……但是他的眼神依旧可以穿透人心。因为他拥有最敏锐的灵魂，而眼睛是灵魂之窗，每次与他眼神交会，总会扰乱我的心绪。

阿龙简直就有着动物般的敏锐本能，他总能迅速击中时代的核心病灶，这是他与生俱来的禀赋和能力。他非常忠于自己的喜好和快乐，并以追求快乐为目的，单纯以生理的好恶作为行动的依据。正因为他有如此特殊的"器官"，才抓得住时代的主要脉动。阿龙确实是个非常爱读书的家伙，也建构出自己一套理论。他或许认为自己都是先建构完整的理论后，才开始行动，但实际上他完全只听从本能行事。正因为如此，让人完全看不透他。他明明就是忠实地依循自己的本能行动，看起来却像是经过深思熟虑的作为。当然，他也并非莽撞行事，但如果他仅凭借理智决定如何行动，在五个行动当中，至少会有一个失败。因为他拥有比任何人都敏锐的传感器，可以在宇宙法则的引导下，比任何人都提早到达目的地，所以他永远都能掌握时代的脉动，而不致受到一般文明的摧残。因为具备野性，他可以在支配宇宙的法则中，感应时代的核心价值，同时维持自己的生命。他也不考虑未来，完全活在当下，忠于自己此刻的喜好和欲望，就像以月亮的阴晴圆缺，作为行动依据的吸血鬼。因此他总是令人难以捉摸。他当初得奖的文章，至今仍能唤起生动的画面，刺激着读者的想像力。阿龙的文章很色情吧。他有着生花妙笔，就像把热带水果腐烂后滴滴答答汩汩流出果汁，那种难以言喻的温度和湿度，以及无法形容的口味、颜色和气味，他都能用文字精准地表达出来。他宛如透明又神秘的吸血鬼，而他就是村上龙！

有两个人从早上十点多的艳阳下到黄昏持续地挥拍着。除了午餐时小歇之外，这两个人都在四方形的网球场上，一对一不断挥拍击球。说到和"夏天要活力四射"这个主题相应的经验，就属那段沉浸在网球世界的日子了。相较之下，没有任何一个夏天，可以让我像那样尽情地解放身体，像那样每天快汗淋漓，像那样品尝美食。我和村上龙在川奈大饭店共同度过的那个夏天，深深烙印在我的回忆里。

我和阿龙几乎是同时期开始学打网球的。之后，彼此在技巧上渐渐出现差距，两人开始在川奈大饭店包场打球时，我已经很难赢阿龙一盘球。那时候，阿龙很疯迷网球。他经常到网球场练球，偶尔我也陪他练习，但光是练习量就有差距，而且他天生运动神经发达。

想要连续几天专注练习网球的时候，我们两个就到川奈大饭店占一个网球场。盛夏的季节里，我们两个住进大饭店，然后整个星期什么正事也不做，只是拼命在球场上你来我往地打网球。没有女人。也没有其他网球俱乐部的会员。川奈的高尔夫球场，是日本国内少数知名球场之一，但那时候我们两个对高尔夫球完全没兴趣。

对我来说，一盘球赛当中，要赢阿龙两局以上，简直是非常困难。尤其他的反手杀球力道又很大。那种劲道的反手杀球可说是最难的网球技巧之一，若遇到这种反手杀球，我几乎没有机会回击。可有时候我也会以发球制胜，或用正手杀球制服他。虽然只是偶尔，不过能赢他就觉得很愉快。那些胜利的片刻令人沉醉，永远不觉得烦腻，足让我拼命地打下去。

打完球，我们就到川奈大饭店的餐厅享受美食。法国料理、天妇罗、牛排等等，每天晚上享用不同的佳肴。我们也开始对高级葡萄酒的口感了如指掌，例如来自法国知名白酒产地莎布利（Chablis）的 Grand Cru、Corton-Charlemagne、Meursault、Montrachet 等等，搭配餐前小菜饮用。打了一整天的网球后，来一杯冰镇的白葡萄酒，这种美味实在令人难以抗拒。

那时候，我在角川书店工作，借口要督促阿龙写连载小说，住宿在川奈大饭店。但那部小说阿龙早就在家里写完。所以我们每天耗在饭店里，其实都在打网球和品尝美食，而那些极端享受的幸福时刻，全部可以交由公司买单。

阿龙会开着他的沃尔沃来接我，两个人一起往川奈大饭店前进，沉醉在最高级的奢华中，第二天再重复同样的行程。有时候一整个星期都是这样过日子，然后间隔好几个星期，又再回到川奈大饭店。那段奢华享受的日子，对当时即将年满三十，每天和眼前的工作拼命奋战的我来说，是唯一的解放。阿龙和我是交情甚笃的朋友，和他相处可以不拘小节，轻松自在。我们那时候都还年轻，川奈大饭店对我们而言，是最能与社会隔绝的自由空间。

后来，阿龙在 MAGAZINE HOUSE 旗下的《Brutus》杂志里，曾写过他当时在川奈大饭店的生活，将那段极尽奢侈的岁月，透过连载小说《网球男孩的忧郁》，呈现在世人眼前。那种日子我和阿龙大约持续了两年。虽然我们一年四季都会去川奈大饭店，但是只有在夏天，我们会以一周为单位，霸占网球场。

在那之后，我亦曾努力做重量训练，也有过参加健美先生比赛的念头，练就一身以现在的体型来看，完全无法想像的健美肌肉。我也曾努力慢跑，流了不少汗。然而，我再也不曾像和阿龙在川奈大饭店的网球场上，那么畅快淋漓的流汗了。那时候可以一天瘦两公斤，却能持续打一整天的网球而不会累倒。

那年夏天，二十八岁的我们，确实活力四射。

不安的捷豹　坂本龙一

一

"18 日，AM3：00（墨西哥时间）

AKI 好像死了。

总之我要去 Mexico。

你跑到哪里去啦？

我好想听到你的声音哪。坂 11：00"

这是坂本龙一于 1988 年 8 月 20 日，上午 10：48 的时候，传送给我的传真内容。"AKI"是生田朗（IKUTA AKI），他是坂本最信赖的朋友，坂本个人经纪公司的事情也都是他负责打理。

那年四月，坂本因为《末代皇帝》那部电影，获颁奥斯卡金像奖的最佳作曲奖。我也和他一起参加了在 Le Bel Age 饭店举办的颁奖典礼。宣布得奖人的那一刻，与坂本共同分享得奖喜悦的还有另外一个男人，他就是生田。坂本在 Le Bel Age 饭店的房间里，堆满来自世界各国的香槟和花束。大卫·林奇（David Lynch）、桑尼·罗林斯（Sonny Rollins）以及迈克尔·道格拉斯（Michael Douglas）等大人物，都到坂本的房间来恭贺，顺便洽谈未来的工作事宜。英语流利的生田，陪在坂本身边妥善应对，处理一切事务。拿到奖座当天夜里，我们没有参加奥斯卡金像奖主办单位安排的庆祝派对，《末代皇帝》的相关工作人员，在比佛利山庄租下一栋私人豪宅，自己办了一场庆功宴，那时候坂本、生田和我，我们三个人也一起参与了那场盛宴。因参与制作那部电影而得奖的九个得奖人齐聚一堂，当下的欢乐气氛，让人觉得非常幸福快乐，好像这辈子再也不会经历这么喜悦的时刻。

坂本成立名为"Trafico"（此为西班牙文，交通的意思）的经纪公司后，我和他的交情就开始急速增温。那时候，我几乎每天晚上都和坂本在广尾的一家名为"Purete"的店里喝酒。晚上十一点左右，我结束每天例行的工作后，就会和坂本在"Purete"碰面，然后两个人一直喝到隔天早上九点多。这样的生活持续了四年左右。这当中也有不少日子，有时必须委屈自己配合对方的时间。坂本参与制作《末代皇帝》时，只要在中国的工作告一段落，就会马上赶回东京，然后几乎每天约我去"Purete"，而且一呆就是好几个钟头。当时我也只能不断鼓励他"这部电影肯定会是一部巨作，所以你要坚持下去"。有时候，我会静静地听他发泄不满，再把他赶回中国工作。

坂本传真告诉我生田可能死去的时候，我还在女人的房间里，那时候坂本一定很想直接和我通话吧。怎么都联络不上我，才会发那个传真给我。那天过了下午一点，我才回到自己的房间，等看到那张传真，已经完全联络不上坂本了。后来才知道，生田那年夏天休假时，开车到墨西哥的瓦亚塔港（Puerto Vallarta）附近发生意外，连人带车一起从路上翻落山崖，不幸身亡。

坂本应该是第一个赶到现场的吧，在当地确认生田的遗体，然后也将生田的后事一并处理好。他现在应该已经坐上飞往墨西哥的飞机……我在自家大楼的阳台仰望天空。当时的阳光、空气中黏答答的湿气，以及那异常炙热的酷暑，直到现在还保留在我身体的记忆中。

我心想，为什么当时自己不呆在坂本可以联络上的地方呢？没能和坂本共同分担痛苦，让我感到焦灼不安，而四个月前才刚共享绝佳时刻的朋友竟然天人永隔，则让我悲怆错愕情绪复杂，更让我如坐针毡。我只能仰望着天空，用眼神追赶着每一架可能载着坂本的飞机。

天空出奇般的晴朗。

看到传真后才过不到十分钟，我已经汗如雨下，转眼间，我的 T 恤已经湿透得大半。"好像死了"那几个字，让我再次抬起头来。在昏沉和惊愕中，我突然直觉到，青春的布幕已经落下。那一纸传真，将使一切划下句点，包括不计后果借酒浇愁的每个夜晚、不厌其烦地互相扶持，以及虚掷青春也在所不惜的那些耀眼而疯狂的岁月，就此结束。

今年，那个太阳骄狂放肆的季节，又将再度降临。

二

这天晚上，我和关根惠子（现在的高桥惠子）正在神宫前的"Bar Radio"柜台前喝酒。那天我编辑的工作提早结束，在四谷的球场教她打壁球，打完球我们在附近的餐厅吃点东西，就到这家我常去的酒吧喝酒聊天。

这天店里聚集了许多知名的建筑师、设计师和摄影师。我点了一杯伏特加马丁尼，她则点了店里的招牌特调"英格丽·褒曼"，两个人聊得开心之际，突然有个喝醉酒的男子，带着四五个像模特儿的女人走进店里。这男子顶着一个金色的小平头，身穿一件花哨的黄色毛衣，仔细一看，他的脖子上还挂着一个拍立得相机。

那个散发耀眼光芒的美男子，在我们所在的柜台前停下脚步，他似乎是关根惠子的旧识。他和她三言两语聊上几句后，带着愉快的心情找到位置一坐下，就对着我们两个说"你们两位看向这边"，然后按了两次快门。我本能地别过脸去，只有她对着镜头微笑。

那男子走过来给我们一人一张刚照好的拍立得照片。这就是我和 YMO 的坂本龙一首次相遇的情景。

那天晚上的邂逅，成为我后来和坂本越来越亲近的契机。多年后，我当上《角川月刊》的总编辑，带着一份企划案去拜访当时已经单飞的坂本，硬是拜托他接下我们杂志的专栏连载。那时候坂本非常忙碌，每天的行程安排都是以分为单位规划，但他仍慨然地接下这份工作。

后来，原本平均发行五千本的《角川月刊》，发行量暴增至三十倍，变成平均发行十五万本的畅销杂志。而坂本这个使发行量激增的大功臣，帮我们撰写"龙一月刊"专栏，连续写了五年，从未欠稿开天窗。在那段期间，我也将坂本开设个人经纪公司的事，当作自己的事业般到处奔走，每次他推出个人专辑，我便会配合其宣传活动。

回过神来，我才发现几乎每天晚上都和坂本见面。

三

　　刚认识的时候，坂本龙一和我才二十六七岁，各自在自己的领域里拼命地开疆辟土。但即使如此，我总觉得自己身陷在困境中，无处可逃。每天夜里内心无不隐隐作痛，难以抑制。随着夜色加深，我便感到焦灼不安，逼得人快要发疯……

　　因此我总和坂本在西麻布碰面，然后肆无忌惮地喝过三四家酒馆，过了半夜两点，便去广尾续喝，直呆到天亮快接近上班时间才离开。每次我们喝到最后，必定在"Purete"这家店落脚。

　　四年间，几乎每天晚上，不，确实是每天晚上，我们都会在西麻布和广尾之间晃荡。换句话说，"Purete"就是我们那看不见出口的尽头。明知没有出口，我们还是每夜去那里报到，借酒浇愁。然后随着早晨的阳光回到日常生活的地方，可等到夜幕低垂，我们又开始寻找看不见的出口，迷失在从西麻布往广尾的街道中。

　　不久，坂本接下《末代皇帝》电影的配乐工作，同时参与该剧的演出，出发前往中国。然而，他似乎怎么也没办法喜欢中国。他说自己和那里的土地不亲，电影制作过程中，只要稍有空当，他便返回东京。一到成田机场，他便打电话给我，和我约在西麻布碰面，最后再到"Purete"喝到天亮。坂本那个时候已经累到精疲力竭。我也只能不断鼓励他"这部电影肯定会是一部巨作，所以你要坚持下去"。《末代皇帝》甫一完成，我们两个立刻到处奔走，敦促发行公司绝对要让这部电影在日本

不安的捷豹　坂本龙一

27

卖座。

1988 年 4 月、坂本因为这部电影得到奥斯卡最佳作曲奖。我也和他一起到洛杉矶领奖，共同分享得奖的喜悦。在坂本堆满花束和香槟的房间里，我们两个人单独举杯庆祝。那一刻，我想起我们互相扶持度过的那些焦躁而疯狂的日子来。不过，我深深觉得那些看似虚掷青春的往事，在举杯庆祝的刹那间，全都变得意义非凡。

环顾四周，到处都是令我难以置信的景象。现场有肖恩·康纳利（Sean Connery）、奥黛莉·赫本（Audrey Hepburn），梅丽尔·斯特里普（Meryl Streep）和迈克尔·道格拉斯也在场。最后台上终于宣布"最佳配乐，末代皇帝，坂本龙一、大卫·拜恩（David Byrne）和苏聪。"我立刻从椅子上跳起来，但是那家伙却不知道去厕所还是哪里，结果变成大卫·拜恩第一个上台领奖，明明大部分的工作都是坂本那家伙完成的呀。

最后《末代皇帝》荣获十二项奥斯卡奖，不过因为这部电影的工作人员并非好莱坞的制作团队，因而没有参加奥斯卡金像奖主办单位安排的庆祝派对。而是大伙儿到团队里某个奥斯卡奖得奖人在比佛利山庄的私人别墅里，自己办了一场庆功宴，当晚他们把十二座奥斯卡小金人排列在一起。

不过更有趣的还在后头。这十二个奥斯卡奖得奖者和他们的伴侣，有一半以上都是同性恋呢。

得到最佳电影的制片杰瑞米·托马斯（Jeremy Thomas）、导演贝托鲁奇，以及最佳电影配乐的坂本和大卫·拜恩，还有其他几个人之外，都是同性恋。所以有些讨厌的家伙就问我"你是坂本的伴侣吗？"害我觉得对坂本有点不好意思，可是我这辈子应该只有这次机会，可以参加奥斯卡颁奖典礼后的宴会，所以即使被误会是同性恋，我也只是一直说"NO，不是，不是"，不愿意就这样回到饭店。

宴会结束回到饭店后，来自日本的电话响个不停，香槟和花束也堆满整个房间，我和坂本回到房间，就有人来敲门，心想三更半夜会是谁呢？打开门一看，站在门口的是大卫·林奇。

我非常喜欢大卫·林奇的《蓝丝绒》（*Blue Velvet*）和《我心狂野》（*Wild at Heart*），因此看到他本人站在我面前，让我忍不住心跳加速，不过出乎意料之外的是，他身材矮小而且身穿长春藤学院风的西服，感觉像个亲切的大哥。他除了赶来恭贺坂本之外，也顺便与他商谈未来的工作，"下一部电影的音乐，就麻烦你啰"。临近天亮的时候，前来拜访的是迈克尔·道格拉斯，我们还和他共进早餐。我若不是和坂本来这里，这辈子恐怕没机会经历这些惊奇之旅吧。我觉得在那之前的所有辛苦，一下子全都有了回报。

四

坂本龙一拿到奥斯卡金像奖之后，我内心的悸动变得比以往更加剧烈。坂本离开 YMO 单飞，并且因为《末代皇帝》而享誉全世界，巧妙地脱离狭小的日本音乐圈，移居纽约，进军全球音乐市场。

不久，我也以异于常人的速度，一步登天，成为角川书店的董事。在工作上多年的努力，终于开花结果。但是我也和自己的原则"一旦事情有了结果，就要重新归零，继续探寻无名的新星"渐行渐远。我成天忙着处理公司内部的管理业务，越来越没机会往外跑。不但没机会去看戏或参加现场演唱会，或挖掘新锐作家，连与麻烦作家们打交道的机会同样越来越少。随着年龄的增长，脚步也日渐沉重……坂本离开日本以后，我便没再去"Purete"。有时候内心停止作痛，便开始反省自己是否应该永远待在角川书店过安逸的日子。这时候，我仿佛听到坂本的声音从纽约传来："见城，你的 Get Away 进行得如何啦?"

　　在角川春树社长因涉嫌持有可卡因而遭到逮捕的前几天，我在董事会投下赞成票，要求社长辞职下台，接着我也递出辞呈。十三位董事当中，只有我一个人提出辞呈。然后为了再度点燃内心的悸动，明知自己行动过于鲁莽，我还是在四谷的住商混合大楼筑巢，创办了幻冬舍。大家都说我这项投资势必失败，劝我打消这个念头，可我在自己悸动的心上，烙印下这样的文案"如果不敢在新的创意上冒险，你还能妄想改变什么呢"，然后就此逃出安逸的生活乐园。

　　很多企业表明要为我出资，但是我全都婉拒。凭着自己准备的一千万日元，让公司开始运作。这一切都是为了找回自己，让自己可以再次"踏上挖掘新人的旅程"。也是为了让自己再次为寻找看不见的出口而战，并且唤醒我灵魂深处那只饥渴的豹。

富饶而悲绝　中上健次

　　因为中上健次，我才领悟到文学世界的悲惨和富饶。在编辑工作上让我更上层楼的作家当中，也是以他最令我难以忘怀。我和他初次见面的往事，仿佛昨日才发生似的。由于他出身自纪伊半岛的某个地方，而受到歧视，无法在社会上出人头地。他的故乡虽然让他在社会上吃尽苦头，但仍是他心神向往的所在。那里有波光粼粼的海水，有蜿蜒曲折的小溪，有虫鸣鸟叫，在风吹过沙沙作响的树林里，这个大男人顶着大太阳整理农地，被晒得头昏眼花。诡异的是，他不只因为自己身处大自然中而感到晕眩，也因为他所深爱的这个大自然，竟然就是让他背负污名的祸首，为此而痛苦不堪。为了彻底斩断这难以调和的矛盾，他在艰困中挣扎求生。

　　除了矛盾的思考模式外，中上也经常因为极端激进的逻辑，像头猛兽般攻击别人。比如说，他曾数度在新宿一家名为"茉莉花"的俱乐部里闹事即为明例。从野间宏、水上勉，到高桥三千纲、村上龙等等当时十分杰出的作家，以及一些诗人和各出版社的文艺编辑们，都常到"茉莉花"聚会，那里收费虽然不像银座那么贵，还是有小姐坐台，而且接待我们的时候，跟文学相关的话题，她们也能聊上几句。这家店和CHIANTI不同，但仍有不少文人雅士从另一个角度评断它，认为这里也是个特别的理想国，经常在此聚会。有一天，刚荣获芥川文学奖的三田诚广到"茉莉花"聚会，恰巧中上也在那里，三田就跟他打招呼，没想到他竟然对三田怒斥道"你口气这么傲慢啊？别欺人太甚！"，说着随手拿起矿泉水的瓶子痛殴三田，最后还狠狠地朝他的肋骨出拳，造成他肋骨裂伤。中上动手打人竟然是出自荒谬的理由："我不认为三田写的东西可以称得上是文学。所以我要揍他"。不过默默挨揍的三田，当然知道什么是文学的底蕴。

中上也经常突然强烈要求我表明忠诚，他对我任性的程度，简直可以媲美尾崎丰。

中上有令人不快的丑恶个性，却也有最神圣美好的人格特质。正因为这两种矛盾的性格并存，他才得以创造如爵士乐般随性自由，却又深具内涵的文学作品。我们若不肯正视人性的黑暗龌龊，就只能看见最肤浅的人生。因此他为了持续写出富饶而悲绝的文学，决定置身在让自己备受社会歧视的地方。对他而言，纪伊半岛和朝鲜半岛就是充满光芒耀眼的黑暗，亦是最深具象征意义的栖身之处，因此他特别钟爱这两个地方。他仿佛在说："受尽社会欺凌的弱势者即使失去一切，就连统治者也无法把他的想像力抢走。也只有受到歧视不得出头天，而深感痛苦的人，方能因此激荡出内涵丰富的作品"。

我很欣赏这样的中上健次，并从他身上得到无比的愉悦。从与中上的相处，我了解到我可以和自己钦佩的创作者亲近到什么程度，这是最初成就我编辑事业的关键。因为我有很多机会与心仪的创作者相处，累积不少无与伦比的幸福时刻，所以即使我装模作样地摆起架子来，大言不惭地说"只要能畅销，什么内容都无所谓"，我仍有自信这些话具有某种程度的说服力。相反，那些明明没有深度，还敢鹦鹉学舌的家伙，其实是没有能力推出畅销的商品。这些话我尤其想说给新手编辑听。我常觉得自己是承蒙中上的教诲，才得以成为一个出色的编辑。

后来，病入膏肓的中上，选择在故乡尝试最后的治疗，回到纪伊半岛的枯木滩。海面上果真是闪耀着粼粼波光，听说中上见此景致，就扑簌扑簌地哭了起来。那个枯木滩孕育了他，他却因那个枯木滩而受到残酷的歧视。我总是心酸不舍地回想起中上望着枯木滩默默流泪的身影。他过世之后，我从他的遗物中，得到其晚年时钟爱的深红色毛衣，有时候我会闻闻这件毛衣的味道。毛衣上仍留有中上的味道，这味道让我不禁想起中上见到枯木滩后掉下泪来的情景，让我忍不住热泪盈眶。基于这样的机缘，我开始认为我继续以编辑的身份拼搏下去，或许是因为我想将心中那些无法磨灭的记忆公之于世。

"我现在去找你，有事情想拜托你"。

接到这通唐突的电话两个小时后，中上健次来到我在初台的公寓。那是我第一次看见他穿西装的样子。他的领带和领子不太合，让我印象很深刻。

"我想跟你借三十万元。我若得到芥川文学奖，再用奖金还你"。

我那时候才知道原来芥川文学奖的奖金是三十万元。他之所以需要借钱，是因为他在店里喝酒闹事，打伤了其他酒客。对方说要向警察提告，但他若拿得出三十万元赔偿，愿意和解给予方便。

虽说我们身上没太多钱，但我们两个还是经常相约喝酒，一喝就连逛好几家酒馆。他也很容易在酒店与人打架，不过演变到这样的麻烦倒是头一遭。前来借钱的中上健次一反常态，一副老实敦厚的模样。他早已辞去堆高机驾驶的工作，手头上总是没钱。

那时，我的存款簿里大约有五十万元。我大学毕业后工作没多久就离职，游手好闲一年后，终于如愿进入自己向往的出版社工作，而那年冬天的年终奖金，被我原封不动地保留下来。原本考虑在新春正月到纽约走走，听到中上需钱救急，我立刻放弃这个计划，我们两个到银行领了三十万元出来。

那时候我们的相处方式，就是有钱的那个人先付钱，所以我不认为他会偿还这笔钱，但是我看到中上健次浑厚的背影离去时，不由得呆立在原地独自思索着，突然觉得好心疼，毕竟三十万元不是小数目啊！首先，中上健次说会用得奖的奖金拿偿还，可是他已经连续三届入围，都说这次得奖可能性很高，但最后还是落选告终。

过了几天，中上健次打来电话，说他的麻烦解决了，而且他的中篇小说《岬》已经入围芥川文学奖。他说这次绝对有把握得奖，但对还钱的事情只字未提。

"假如，得奖的话"，最后，中上健次在电话中略显羞赧地说，"得奖后的第一篇文章，就让你刊登在你的杂志上"。

我当时负责的《野性时代》杂志属于娱乐性质，而中上健次可是被众人当作纯文学救世主的要角，由此可见，他这番话需要多大的决心。

"可是，你应该还要顾及许多情面，不可能这么做吧。"

我高兴得雀跃起来，但仍拼命压抑兴奋的心情，极力冷静地说："嗯，总之等你得奖以后再说吧。"话一说完，我便挂断电话。

来年，中上健次成为战后出生的作家中，第一个获得芥川文学奖的人。在银座的小吃店等消息时，中上健次忐忑不安，拼命灌酒。等他醉到某个程度，认为自己应该落选的时候，主办单位才打电话来通知他得奖的消息。中上健次突然弯下身去，对着电话猛鞠躬，他偌大的身躯突然变得极端渺小，并且喜极而泣。我也不加思索，抱着中上健次放声大哭。

得奖后第一部作品的事，他是认真的。中上健次在得奖后一个星期来到我们公司，把自己关在编辑和作者校对文章用的房间里，整整花了两天，通宵达旦地写完八十张稿纸（译注：约32000字）的小说《荒神》。至今我仍可像播映电影般生动地回想起中上健次写完小说抬头看着我的瞬间那笑眯眯的表情。

在天刚亮的校对室里，我们两个互相握手，并以微温的啤酒干杯。

到了二月，我记得是颁奖典礼结束后第三天，早上九点左右，中上健次打来电话。

"我现在去找你，先别去上班，等我一下。"

两个小时后，中上健次来到我的公寓里，他穿着和两个月前来我家时，同一件略嫌窄小的深色西装。才刚进门，中上健次就很有气势地从裤子口袋里拿出大叠钞票。

"谢谢！我依照约定把三十万元拿来还你。"

说着，他对我欠身鞠躬。他从来不曾那样向我行鞠躬礼，之后也没有过，仅只那天那么一次。往后几年里，我也好几次私下借钱给他，但他总是很神气地对我说："文学之王要来向你借钱了"。

我们从他还我的那叠钞票中，抽出五万元去喝酒。那家位于新宿的区公所大道上的酒馆白天也营业，我们是那里的常客。

我们一边喝酒，一边聊谈着与小说相关的话题。连喝了五家酒馆，走出最后一家店的时候，天空中已经泛鱼肚白。中上健次拦了一辆出租车要回小平（译注：东京都小平市）的住处，他欠身坐进车里，还生气地大声对我嚷道："喂！我没有出租车资啦。"

话音刚落，我赶紧跑上前去，把一张万元钞票塞在他手里。我对这一切感到无比满足，打从心底希望这种日子可以永远持续下去。

当时我二十五岁，中上健次二十九岁。

我就这样展开我的文艺编辑生涯。

口红留言　松任谷由实

　　这是夏日最后的哀嚎吗？那是九月一个异常闷热的夜晚，她在窗边远眺屋外的景物，不一会儿，她突然转过身来，对我说"好吧，见城先生"，脸上带着浅浅的微笑。

　　我第一次注意到"由实"这个名字，是在搭出租车的时候。听着从收音机流泻而出的歌声，我突然泪盈满眶。"面对物换星移、时光流转、人事更迭，从来不曾有一首歌，如此真切地唱出我心中的喜怒哀乐、酸甜苦辣。"

　　"刚刚为您播放的歌曲是松任谷由实的《毕业写真》"，听到收音机里主持人对这首歌的简介，我才首度将这个名字烙印在心上。那应该是名为《第14个月亮》的专辑刚发行的时候。

　　突然间，我俨然成了"由实"的俘虏。我不仅搜集她的专辑唱片，也马不停蹄地参加她大大小小各场演唱会。一段时日之后，我很想直接与她共事合作，于是用尽各种方法接近她。虽说来自经纪公司的阻碍重重，但我相信她必能感受我的诚意。参加过无数场演唱会之后，她终于注意到我这个人物。我到演唱会的后台找她，虽然只有短暂片刻，至少能跟她聊谈几句，之后不久，我开始有机会和她共餐，最后就连半夜也能和她讲电话。

　　与她相识后大约又过了两年左右，有一天我们在六本木的餐厅用餐时，我开门见山说"我想替你出版一本自传式的散文"。当时，她年纪轻轻就已经成为家喻户晓的音乐家，但从未出版过个人著作。因为即使有人想替她出书，也全都被她拒绝。"如果是见城先生想替我出书，我当然乐观其成"——听到她的回答，我喜不自胜，一来是因为我的诚意终于打动了她，二来是因为我有机会将她的精华结集出版。

我大约花了一年编辑她的书。汇整她所有的稿子，校样也请她看过修改完毕，最后只需送厂印刷即可。但就在这时候，她来了一通电话给我。

"我有很重要的话跟你说，希望立刻见到你。"

那是一个闷热的夜晚。当时夜已经很深了。在六本木材木町的十字路口附近，有一家名为"Tristan"的会员制俱乐部，我们在店里面对视而坐。

"真的非常抱歉，这本书不能出版！"

她希望我无论如何停止这本书的出版，态度和措辞都非常恭敬有礼，对我造成很大的压力。她说，假如让自己的人生、创作歌曲的背景，还有灵魂，全都放进书里，在世间流传，她的音乐就会死亡。与见城先生合作写书的过程中，她没有想过这些事情，但最后重新校阅这本书，想想只要能透过音乐表现自己就够了。为出版这本书投入所有的费用，则会全数赔偿……

若考虑彼此的信赖关系，我很想答应她的要求。但是这件事牵涉到工作，我就没办法把话说得那么体面。这本书出版在即，设若因此停摆不出版，我恐怕连饭碗都保不住。"这样我会很困扰。拜托！"我低头向她求情，找了一大堆言之不成理的理由，恳切地拜托她，不管怎么样都要让我出这本书。从

"Tristan"的窗子往外看，可以看到六本木的霓虹灯，以及熙来攘往的车辆。夜里不知从哪里吹来的一股热风，仿佛夏日最后的哀吟似的吹进这个气氛凝重的房间里。我回过神来，才发现时间已经接近凌晨三点。就在这个时候，她倏地将目光转向窗外。然后又突然把脸转向我，微笑着对我说："好吧，见城先生。出版吧。我什么都不会再多说。就按照你说的，请出版这本书。"

临别前，"既然要出书，就一定要让它大卖啰"，她对着我顽皮地眨了眨眼睛，然后任长发随风飘动，潇洒地朝盛夏夜里的街头走去。比起自己的感受，她很能体谅对方的窘境。当她看到我一筹莫展的表情，旋即委曲自己，最后还巧妙地暗示我们之间的信赖关系依旧存在，才从容离去。而我只能惊愕不已地站在原地猛点头。

结果，《口红留言》这本书，连同文库本在内，总共销售了一百五十多万本，可说是不折不扣的超级畅销书。直到现在，我仍然觉得发生在那个盛夏夜晚的事情，如梦似幻。

迅捷者的恍惚　大江千里

大江千里是个卓越的音乐家，他的音乐能让人确实感觉到"时间"存在。我还没找到恰当的词句，来形容我从他的身体所感应到的那种"旋风般的畅快"。

大江千里的迅捷之快是多层面的。

他在音乐方面的表现自不待言，其他像是小说、散文、电影或电视连续剧等领域，就连接受访问时，每次有机会表现，他的动作就会像要掀起一阵旋风般地快速。以运动来比喻的话，他的作风与打橄榄球（Rugby）时的跑步方式非常相似。也就是说，他有自己独特的行事节奏。

为了闪避对方的擒抱，橄榄球球员抱着球，采取脚步忽左忽右的方式奔跑，从观赛者的角度来看，球员们是直线前进，但其实奔跑中的球员是 Z 字型前进，也就是他们最后冲刺时，他们奔跑时脚步触及地面的点，必须构成一个面，而不是一条直线。

因此橄榄球球员打球时跑百米花了十二秒三，其速度却相当于田径选手的九秒八。换句话说，橄榄球球员奔跑时的速度里，必须内含那么多的"储备能量"才行。

大江千里各方面表现的共同基础，就是这种深刻的速度感。

现在，没有任何一个音乐家，能像大江千里这样，一边以复杂曲折的步伐移动，一边还能以外人无法识别的速度全力冲刺。

他像跑百米般急速奔跑的同时，其实也要闪避很多敌手，虚晃几招假动作骗过对手，背叛通敌以达目的，与敌人对峙，或者以蛮力扭住对方胳膊予以摞倒。

所谓强拉硬拽的速度，就是这么回事。

然而，重力和速度内化于肉体时，肉体所需承受来自内在和外在双重的压力，恐怕不是旁观者可以想像的。

倘若世上存在着完全脱离感官和没有苦痛的快乐，那么我们眼前所见，大江千里如今之所以有丰硕的成果，其实是来自在他笑容背后，急速奔跑时的拼命和忍耐；而他之所以能承受这么多压力，是因为他在急速奔跑中可以得到与其压力成正比的恍惚，一种接近上帝领域的、无可限量的心醉神迷。

然而，上帝的戒律也有无情的一面。

这如同累累果实会瞬间腐烂一样，因此为了保持果实的甜美，跑者必须持续急速而大面积的移动，一切就这么不断循环下去，直到永远。

在这种情况下，有资格吹哨鸣笛宣布橄榄球比赛结束的，并不是裁判，而是身为球员的大江千里自己。

留给世间的遗泽　铃木泉美

　　在这个世上，想认真过活是件很痛苦的事情。回想起来，我觉得铃木泉美就是认真过日子的人。在这社会上，丑恶的人或是长袖善舞的人总是占尽便宜，若想出头天，就必须战胜狡诈的人。应该没有任何女性像铃木泉美那样竟然放弃这种生存法则，为了活下去正面迎战人生，战得千疮百孔，最后走上绝路的吧。

　　生存本身即意味着残酷的事实。有些人每天大声嚷嚷着无聊，但因为没办法自杀，只好继续活着，而且大家都知道自己数年后或数十年后一定会死，自己时时刻刻都在走向死亡，这样的情况怎么不叫人感到无奈而凄凉呢？我们骗不了自己，当死亡的那一刻来临，我们每个人都只能孤零零地面对死亡。为了排解这种痛苦，我们因而恋爱或工作。而对多愁善感的人来说，他们只能依靠创作来自我救赎。我们出版业赖以维生的就是信息和创作。由于计算机科技和因特网的普及，现在传播和搜集信息的方法变得更多元化，以往属于出版业业务范围的信息传播，多少因此而受到影响。即使如此，创作这个领域恐怕仍不会受到波及吧。只要人活在世上一天，在长生不死之药尚未发明之前，小说、音乐、绘画和摄影等创作形式绝对不会消失。因为有些人必须依赖创作，才能支持自己与生命妥协，勇敢地活下去。因此创作或许可说是人类永不消失的记忆。

铃木泉美也曾是这样的女性，在不断改变创作方式的同时，试图找出活下去的动力。

她最初是一个色情电影的女演员，因为色情电影的演出无法满足她的创作需求，而开始撰写小说，没想到竟然以现职色情电影女演员的身份，一举拿下《文学界》的新人奖。光是色情电影女演员写小说本身，就在当时造成轰动，引爆话题。话虽如此，她的小说就像皮影戏一样平淡，完全没有让人印象深刻之处。表面上看来，她因为自己的人生充满激进的情绪和痛楚，为了表现那些纠葛，因而从事小说创作，但其实她创作小说，是因为她几乎已经放弃了自己的人生。所以她的小说才会像皮影戏那样。尽管如此，很少人能像她这样，付出自己的全部生命向世人诉说，人皆生而寂寞，至死方休。

她的外貌也给人强烈的印象。原本她拥有一种奇异而不寻常的美感，但她和传说中的爵士乐手阿部勋一起生活之后，阿部勋对她暴力相向，打得她门牙全都脱落，头发变成像是褪了色的红褐色，加上每天抽烟、喝酒、嗑药，身形枯槁，渐渐失去做一个女演员在外貌上必要的光彩。阿部勋比她更无法和生命妥协，他的人生如同得了梦魇般的热病，每天都在挣扎中度日。而铃木泉美的人生也过得坎坷凄惨，就在她对任何事情万念俱灰的日子里，恰巧与阿部勋邂逅，从他身上找到认真活下去的理由。所以即使阿部对她暴力相向，她也顶多抱怨几句，却无法离开他，于是他们两人每天不断重复着近乎精神异常的生活，一步一步走上地狱之路。不久，阿部因服用过量安眠药而死亡，铃木开始每天打电话给我。有一天，我和别人通电话时，她插拨进来，我说等一会儿再回电话给她，她说"请你一定要回电话给我。我想跟以前的老朋友们问候聊聊"……我后来并没有再回电话给她，之后大约过了三个月，才知道铃木泉美已经在自己的孩子面前上吊自杀。

她来电话的次数多到让我想逃之夭夭，我却只打过一次电话报告自己的近况。当我告诉她我已经离婚，她的响应却是"人一旦上了年纪，都会变得很孤单呢。"而她说这些话的时候，顶多才三十五岁左右，却让人觉得她似乎已活了大半辈子，历尽人生的无奈和苦难。

我依稀记得那是在冬末的深夜时分，我和女性朋友讲电话讲得正起劲，那个声音插拨进来。

"我是铃木泉美，请问是见城先生吗?"

这个没有高低起伏的声音，让人一听就认出是谁。

霎时，我突然觉得麻烦上门。一来我和女性友人正讲到兴头上，二来铃木泉美数年前的电话攻势，说真的让我想逃之夭夭。我告诉铃木泉美，自己正在讲电话，她是插拨进来的。接着，因为我已把她的电话号码从记事本里删除，因此我再次向她索求电话号码，并说稍后再回电话给她，便把电话挂断了。

至今我还清楚记得她那时候的通话。她是这么说的：

"请你一定要回电话给我。我想跟以前的老朋友们问候聊聊。"

就这样，我并没有再打过电话给她。大约三个月后，我看到曾任《写真时代》总编辑的末井昭所写的编辑后记，才知道她已经自杀，同时也了解到她最后那些话是什么意思。

那段时间，我和妻子住在初台。我那时担任《野性时代》这本小说杂志的编辑，大部分的工作是负责发掘新锐作家。

由于五木宽之先生对她的小说赞赏有加，在他的推荐下，我和铃木泉美第一次见面。我们约在"Coffee Road Shimizu"的二楼，她跋着跟细得要命的高跟鞋，一头像是褪色的红褐色头发，还有门牙全都掉光的嘴型，令人印象非常深刻。后来，我又跟她见过好几次面，但是就我所知，她那些被丈夫阿部熏挥拳打落的门牙，从来没有去补过。而我和她单独见面的那次，既是第一次也是最后一次。

就连拂晓前约在校对室碰面，阿部熏也会和铃木泉美一起来，约在中野的咖啡厅更不在话下，阿部熏必定跟在铃木泉美的身边。阿部熏死后，我和铃木泉美通电话的次数已不胜叫数，但却从来没有再相约见面。

她和阿部熏一起生活的时候，也常常打电话给我。其中有几次是讨论关于校样的修改，或下一部小说的构想，但绝大多数都是她在抱怨和阿部熏之间的争执。她经常喋喋不休地向我告状，说一些像是阿部熏砍断她的脚趾、阿部熏会杀了她、阿部熏打得她眼睛张不开之类的事，不过她在电话里的口气，完全不像一般人吐苦水时那样愤慨激昂，反而像是在某个地方刚被叫醒的感觉。

第二天，我们已约好要见面的话，阿部熏必定会跟着前来，铃木泉美会淡淡地说"这个人非常差劲呢"，而阿部熏则在旁默默地喝茶。

我那时还蛮喜欢这个话不多，脸色发青，身材短小的男子。铃木泉美说起话来总是不带情绪，没有高低起伏，但却絮絮叨叨，没完没了；相较之下，阿部熏虽然只会低着头嘀嘀咕咕，但是说也奇怪，这个演奏前卫爵士乐的乐手，偶尔自言自语似

留给世间的遗泽　铃木泉美

的每句话，却总能刺进我的心里。

铃木泉美替《野性时代》撰写的小说，我几乎已不复记得了。虽然我应该请她改过很多次原稿或校样，但不论是故事内容或只是文章里的只言片语，我完全毫无印象，真是不可思议。与她小说里那些凄惨的情节恰巧相反，我觉得她的小说犹如剪影画一样，没能让人留下深刻的印象。

或许对铃木泉美而言，任何事情，包括其撰写的小说，是否引起热读都无所谓。对已经冷眼看尽世事苍凉的她来说，唯独阿部熏是她心中永远无法割舍的痛楚。但矛盾的是，她又热切希望与阿部熏同甘共苦，这个想法成了她存活下去的支柱。

铃木泉美成天到晚，口口声声地说"我想和他分手"，结果无论何时何地，她和阿部熏总是同进同出。阿部熏彻头彻尾和这个世界格格不入，让人每次想到他这个受伤的灵魂时，都难免不寒而栗，感觉很负面。其实，她对任何事物早已麻木，但在内心深处却又忌妒阿部熏可以感受如此强烈的痛苦，一方面却又无法自拔，非得陪在他身边不可。

她总是借由戕害自己的身体，试图证明着些什么。对她而言，似乎只有这么做，才能追上被痛苦折磨的阿部熏。

这个早熟的少女，或许早在遇见阿部熏之前，就已经死过一次。

换句话说，这个过分规矩地爱着这个世界的少女，就生活在与世界激烈地碰撞、然后被拒绝，被抛弃如行尸走肉般的日子中。

我不知道他们两个是什么时候，在什么情况下认识的。只是阿部熏的出现，如同有人强烈要求铃木泉美，试着再活一次。

她之所以继续度过余生，就是为了让阿部熏的痛苦变成她的痛苦。

"GAYA"这家爵士酒吧就在初台的甲州街道旁某脏污的大楼里。我和妻子无聊的时候，经常到这家店打发时间。我姑且不论，我妻子倒是很懂爵士乐。这里美其名为现场爵士演奏酒吧，其实店内连椅子都用纸箱代替，可说是简陋得要命。通常我和妻子会点两杯兑水的三得利白威士忌，坐下来和老板娘聊天，偶尔聆赏着不知名的爵士乐手现场表演。

这家酒吧连表演的台子都没有，而我是在认识铃木泉美和阿部熏之后隔了很久，才从老板娘那里听说阿部熏在这家店演奏。我拜托他可否现场演奏，只见他表情腼腆地说，这得看他有没有演奏的兴致；我再问他什么时候愿意献艺，因为我很担心他没有生活费用。

不过，有天我的住处突然收到两张标题为"慢慢地死去"的套装密纹唱片，这表示阿部熏当时确实是专业的爵士乐手。

某天夜里，我在路上与阿部熏不期而遇。

"好不容易要振作起来，萨克斯却送进了当铺，真是没办法呀。"他一派轻松，说完便消失在熙来攘往的街头。而铃木泉美则是曾经打电话告诉我："他嗑药嗑过头，今天晚上又放人家鸽子没有登台做现场表演。"所以听老板娘说阿部熏在"GAYA"演奏，我就姑且相信这个说法。

后来我终于在"GAYA"听到那个如幻影般的爵士演奏。当天，只有我和妻子以及铃木泉美，就我们三个客人。

阿部熏演奏时，铃木泉美闭着眼睛聆听那沉重昏暗的乐音。偶尔她会将兑水的白威士忌一饮而尽，再点一杯，然后又闭上眼睛。

　　我心想，那时候铃木泉美脑海里究竟在想些什么呢？她是沉浸在确实经历过的逐渐远去的时光中？抑或是朝即使自己再怎么粉身碎骨亦追不上阿部熏内心深处的黑洞奔驶而去吗？

　　在阿部熏的整个表演过程中，他几乎都是蹲着演奏。他拒绝旋律，只是从自己的身体榨出一个又一个的单音。仿佛要将每个乐音还给被旋律夺走的音符，阿部熏的中低音，为了破坏与重生而不顾一切，充满悲壮的情绪，与其说是过于激进，毋宁说是接近乐音的极致。

　　我当时即很清楚这男子已来日不多，但是把这种事说出口未免太荒唐了。任何听阿部熏演奏中低音爵士乐的人，都会和我有同感吧，而且这种事情铃木泉美应该最清楚。

　　几个月后，阿部熏服药过量，宛如早已安排好似地走向人生尽头。

　　后来，在"GAYA"举行的追悼音乐会、告别式，以及朋友的聚会等等，我全都没有参加。

　　"无论是嗑药或是演奏，我从来不曾爽到极点。"

　　"我想成为中低音爵士乐手。"

　　我想起在我们两个人独处的时候，阿部熏嘟囔的那些话语。

　　在阿部熏死后，铃木泉美仍像以前那样经常打电话给我，用平淡的口气，絮絮叨叨地诉说着她和阿部熏生下的孩子，以及未来如何生活等等。不过有时候，铃木泉美也会很难得地语带娇吟地对我说"我好寂寞啊"。

　　至此，我觉得铃木泉美几乎已经没有继续活下去的理由。

　　如果可以的话——我对她说：

　　"花几年的时间都无所谓，我希望你将你和阿部熏从初次见面到分手的过程，写成一部长篇小说。"

铃木泉美写完这部小说，应该就会离开人世。

虽然我有预感铃木泉美没有办法再写小说，但我觉得当时的气氛，如果不说那些话，彼此都会无法承受。"是啊，得把这小说写出来呀"铃木泉美喃喃自语似的回答道。

从那之后又过了好几年。我在公司里已经换了三个部门，当上《角川月刊》的总编辑，除了那年冬末接到铃木泉美的电话之外，我对她的事情已经没什么印象。

阿部薰死后，铃木泉美靠着政府的低收入户津贴，照顾她和阿部薰所生的小孩，但在她打那通电话的数星期后，竟然在孩子面前上吊自杀了。享年三十六岁。

有关铃木泉美和阿部薰，除了上述所写的事情之外，我已经无法明确地想起任何事情。

至今我仅记得铃木泉美在电话中的那句话。

阿部薰过世的那年冬天，我和妻子离婚分手，而我打电话通知铃木泉美这件事的时候，她在电话那端稍作停顿才说："人一旦上了年纪，都会变得很孤单呢。"

想说的话藏在椰果中　银色夏生

有哪个作家是我认为必定会大放光芒的吗？这种作家当然有很多，银色夏生算是其中的佼佼者吧。角川文库出版银色夏生的书时，很大程度改变了读者对文库本的概念。在我手中即帮她推出十几本文库本，而且每本销售将近百万本。

我非常喜欢泽田研二那首《晴天里的忧郁男孩》的歌词。一听到"想说的话就在椰果中"，这句歌词多好啊！于是着手调查这是谁写的词，原来是银色夏生。我立刻就和当时还没什么名气的银色夏生见面，那天我递出名片的同时，便劈头表示："你真是太有才气，我无论如何都想与你合作出书。"不过她始终没有回答。后来，我忍不住说："你真没礼貌！我要回去了。"然后就转身走人了。

然而，我气冲冲回到公司后，又改变想法："她竟然不把我放在眼里，让我败兴而归，我绝对跟这样的作家交手不可。若不与这种天资异禀的人才往来，我的工作决不会有突破！"于是我捎信向她道歉"很抱歉我突然就回去了"，再次与她相约见面。

就这样，我们才慢慢开始展开对话。比如，问她想创作怎么样的作品呢？我们一边交谈，一边进行出书的作业。最后决定从纸张的选择、书腰的广告文案、本文的页面设计，完全由银色自己包办。

像银色夏生这样的作家非常特别。1986年,她出版第一本书《又是平淡无奇的日子》,起初销路平平,第二年,她带着当时默默无名的森高千里到礼文岛出外景,然后她用自己摄影的作品附上诗作,推出第二本书《简单的爱情》,一下子就成为畅销书。当时,我将"银色夏生"塑造成苦恋中少男少女的代名词,让大家搞不清楚她是否真实存在,也不知道她是男是女。我认为采取让她匿名这个营销策略,应该可以让这本书热销。为了维持她的神秘感,我们不让人写书评,也不上杂志宣传,拒绝所有的采访。

我只说她要如何表现什么都没关系。我的工作就是全力为她创造一个可以愉快创作的环境。其实,选择与当时没什么名气的森高千里合作,也是银色自己决定的。

要描述我和银色夏生共同编书的经验并不是件简单的事。我确实和银色夏生共同出版了十二本文库本和两本单行本的书,而且目前正在编辑第三本单行本。然而,身为编辑的我不禁自问,我为她做了什么呢?

银色夏生自己设计书的封面和本文的页面,照片和插画也亲自动手解决,其他不管是封面外加的书腰文句,或是任何需要文字的部分,她都自己动笔。也就是说,从字体的样式、纸张的选择到书腰的宣传文案,都由银色夏生一手包办,这样银色夏生的作品才算是真正的"作品"。在完成作品的过程中,我的工作是全力创造一个让银色夏生可以愉快工作的环境。对我这个向来坚持己见的编辑而言,这是从未有过的经验。但是我与银色夏生的关系里,从出版第一本书就建立了良好的合作模式,而随着出书次数的增加,逐步建立起奇妙的友谊,让我格外地心情舒畅。于是我把所有精神集中在如何让银色夏生完美实现其创意，对于她的创作，我从不表示任何意见。但是银色夏生在想什么，她不说我也猜得到。只能说我们之间的默契，无法用言语表达。

就这样，我们即将再推出另一本单行本。

《ONLY PLACE WE CAN CRY》将于 1991 年 1 月底上市。

由于这本照片诗集的主要内容，是汇整她在《角川月刊》上连载的作品，因此我的感触特别深刻。

我在看校样的时候，心想这世上怎么会有这么无奈、深刻、感人肺腑的文字和照片啊。

银色夏生是个不可思议的人。至少银色夏生改变了我为人处世的态度。自从认识银色夏生，我开始与他人展开前所未有的互动。直到现在，因为银色夏生的缘故，我仍在持续改变当中。当我再次喃喃念出这本书的书名，在深更半夜审视校样的时候，不由得热泪盈眶。

因为书中多少也写出了我对自己人生的想法。

再来一个慢速曲球　山际淳司

　　"他一生都那么冷静且高雅时尚，为何在生命的尽头，仍不愿意亲口吐露真正的心声呢？"

　　在我到山际淳司家中见到他的遗容时，这样的想法首度涌现心头。负责料理他后事的，除了他因拍电视广告而认识的广告公司工作人员，还有几个在他生前与他交情很浅的人。我这个发掘他作家潜能的老朋友，对他的后事没有插手的余地。他总是淡淡地与人保持距离，因此即便是他还在世的时候，也没有人能猜透他心里真正的想法。

　　·他最初的单行本小说《再来一个慢速曲球》，使他成为家喻户晓的传记式运动散文文学作家，之后《野性时代》杂志也刊登了二十几篇他的作品。但是我和他共同合作的最后几篇作品中，已不见他当初让我为之惊艳的文采。

　　他最初引起我注意的作品，是刊登在《Sports Graphic Number》试刊上的一页企业广告文宣，当时他还默默无名，仅在文案旁署名"J"。在那页广告上，他的文字似乎只是为了衬托索尼录像机的那张照片而写的文案。在文案中，他描述博格（Björn Borg）挑战温布尔登网球公开赛四连霸纪录，与唐纳（Roscoe Tanner）一决胜负的情景。当时比赛采三战两胜，已厮杀到最后一盘，唐纳以三比二领先。第六局的时候，四十比零，唐纳拿到发球权。唐纳心想："每场比赛都有一个高潮点，也就是比赛中决定胜败的关键球。现在就是胜败关键的时刻。我接下来要以世界最快的速度发球，让这次发球成为我的高潮点。"就在唐纳全神贯注发球之后一瞬间，博格一个不可思议的回击，球迅速地飞落到唐纳脚边，让唐纳措手不及。丢掉这一分，让唐纳失去优势，遭逆转而战败，输了这次比赛。山际在文末写道："胜败会在一瞬间逆转。那一瞬间，唐纳永难忘怀。"那页广告让我惊为天人，立刻与他约时间见面。

我提议在《野性时代》杂志上连载他的作品，而最后决定以《再来一个慢速曲球》作为连载的第一篇文章，等累积七到八篇文章，就集结成册，出版单行本。他则决定在《Number》创刊号撰文，描述棒球选手江夏丰那场著名的比赛。江夏效力于广岛东洋鲤鱼队时，在 1979 年日本一系列棒球赛中，其中一役广岛队出战近铁野牛队，江夏在无人出局满垒的情况下，连续三振三个打者，为广岛队赢得胜利，写下传奇的一页。"那次他总共投出几球？那么就用'江夏的 21 球'作标题如何？"我和他一边讨论这篇文章，一边达成协议，未来要将这个传奇性的故事，收录在他的单行本里。

运动赛事里最耀眼的瞬间，写来写去很难跳脱某种框架。而且一个作家反复描写类似的事物，毕竟有其极限，但即使他已经江郎才尽，邀稿仍纷至沓来。他的文章质量开始下降。在写作瓶颈和疲劳的双重折磨下，他开始想另寻出路，转型写小说，因为小说不必实际到事件现场搜集信息，可以单凭想像进行创作，于是他在《野性时代》杂志上发表小说作品《中年之爱》。然而，他依旧没能成功转型为小说家，终究只适合当个纪实文学的作家。

后来他选择逃避现实，转换跑道去当运动主播，并参与电视广告的演出。几年后，他突然叫我到医院看他。

"我得了胃癌，但是只要把胃切除就可以痊愈。"

他一如往常，淡淡地告诉我这个消息。现在回想起来，虽然当时他是用淡然的态度对我说话，但那应该是他最后的肺腑之言。见到他的遗容，我才终于恍然大悟，那次应该是他因为写不出自己理想中的作品，感到非常着急，所以无意识地从内心向我发出求救讯号。而我当时却因为幻冬舍刚成立，很多事要忙，没有认真推敲他的心意。事实上，之后无论我教他再多纪实文学的写作新风格，他仍然无法重返往日的事业高峰。或许他没把写作事业的起落放在心上，但我终究应该陪他面对烦恼，陪他为其失败的作品哀悼。至今我仍为此懊悔不已。

独特的温情　安井一美

　　听到安井一美过世消息时，我脑海中立刻浮现出她初次带我去那家店的情景。那家位于饭仓取名"CHIANTI"的意大利餐厅，自从二十五年前去过那里一次，直到现在我还是那家餐厅的常客。这些年来，我一贯的原则是，能感动我或者我非常感兴趣的人，我才愿意和他谈工作，而这个原则应该在我仍是个新手编辑的时候，就已经开始萌芽了吧。当时她已是红遍半边天的作词人，我主动与她联络，表示希望与她合作共事。那个时候我觉得不错的流行歌曲唱片，在工作人员名单的部分，多半都会写着"作词：安井一美"。

　　我对CHIANTI的第一印象是，充满异国风味。他们店里无论是主菜的意式炖小牛腿（Osso buco），或是面食类的罗勒意大利面，所有的餐点都非常美味，我从来没吃过那么好吃的东西。

　　安井一美经常与加贺茉莉子（原名加贺雅子）相约到CHI-ANTI，两人并称CHIANTI族双璧，而那天餐厅最里面靠窗的餐桌旁，加贺茉莉子和其他朋友，总共四到五个人正在用餐。我之所以养成约人边吃饭边谈公事的习惯，就是因为安井一美那次带我去CHIANTI，是她把我带坏的喔（笑）。现在每次有重要的事情需要洽谈，CHIANTI仍然是我偏好的餐厅之一。不过，CHI-ANTI在西麻布开分店以后，我比较常去那家分店光顾。CHIAN-TI的气氛很特别，容易带动大家愉快的情绪。连法兰克·辛纳屈（Frank Sinatra）和马龙·白兰度（Marlon Brando）都曾经大驾光临 CHIANTI，这家餐厅对我来说，就像一所夜生活学院。在那里，空气中飘散着安井一美歌词中那种附庸风雅的气息，而还没有闯出名堂的新人在那里同样可以感受到温暖。正因为 CHIANTI 以独特的温情款待未成名的创作者，才让大家都成了他们的老主顾，一有机会就想去那里坐坐。CHIANTI 店里弥漫的气息和氛围，让顾客期待自己能更符合这家餐厅的品味，而如愿成为某领域的创作者，并获得自己理想工作的年轻人，则多半都已经去过 CHIANTI。

这家餐厅确实对创作者有很大的影响力，许多实例可以证明。The Spiders 和 The Tigers 这两个乐团都是因 CHIANTI 而发迹，而假如没有这家餐厅，说不定 YMO 和松任谷由实就不会踏入乐坛。我也想过"能成为这家餐厅的常客，究竟代表着什么呢？"并鼓励自己努力工作，毕竟，"若不能常光顾这家餐厅，表示我的工作不顺遂"，后来我工作的目的似乎变成是为了要去 CHIANTI，而且对 CHIANTI 的感情太深，甚至为它出了一本标题为《CHIANTI 物语》的书。

我并不是因为忧郁或懒得找其他的店，所以就去 CHIAN-TI，而是某些日子会突然觉得非得去 CHIANTI 坐坐不可。举例来说，最近，佐田雅志答应执笔撰写的《漂流的精灵》，他的写作手法让我颇感共鸣。"卑微地活着卑微地死去。不受人瞩目，不想受人瞩目，也无法受人瞩目。不过极尽所能诚实地面对生命，坦然地走向死亡。我正在尽心掬取这些不受重视的跫音和叹息。"吸引佐田雅志目光的那些凡人，大概不太会激发他什么新创意吧。然而，我也深深觉得创作者必须经常感受这些凡夫俗子的存在，从这个角度来说，我也很愧对这些沉默的大众。在向他们致敬的同时，我想告诉他们，即使不受瞩目，"只要活着就有价值"。所以我也要致力将《大河涓流》改拍成电影。

完成佐田雅志小说的校对工作后，我独自去了一趟 CHIAN-TI。听说安井一美在肺癌过世的三周前曾到过 CHIANTI，她在那里安静地喝了杯茶之后才回家。其实我和她始终没有机会共事，也从未建立非常亲昵的友谊，但是她逝世之后，我心里却有着强烈的失落感。

就像现在我仍常去 CHIANTI 那样，想必她也无法割舍对 CHIANTI 的那份情感吧。

第一次到 CHIANTI 用餐是 1975 年，我二十五岁的时候。当时意大利料理专卖店还非常少见。那天带我去 CHIANTI 的是作词人安井一美。

那家店位于饭仓，是一间独栋的餐厅，走上餐厅二楼，映入眼帘的是沉稳却耀眼的粉红色空间，而在最里面靠窗的位置，可以看见加贺茉莉子和其他朋友，总共四、五个人正在用餐。

那时我点的主菜是意式炖小牛腿，面食类则是罗勒意大利面，这些我都记得很清楚，但是当天点的酒和前菜，我却完全没有印象。究竟那天的前菜，是像现在意大利餐厅一样，可以从餐车里的数十种前菜中选几样喜欢的，还是从菜单里选一样，或者是用前菜拼盘的形式上桌的，我怎么也想不起来。

或许是因为在《CHIANTI 物语》里也扮演要角的服务生石井先生，当天强力推荐意式炖小牛腿和罗勒意大利面，所以我才会到现在仍然记得这两道菜吧。总之，所有的餐点包含饭后甜点在内，全都非常美味，我从没吃过那么好吃的东西。而之后陆续进到餐厅来的似曾相识的客人，他们似乎都可以随意在某张桌子上找到旧识，这种特殊的氛围，与我至今去过的任何餐厅完全不同。

后来，我经常以谈公事为名义光顾那家餐厅。自从这家餐厅在西麻布有了分店，我就比较常去那里，不过，在 CHIANTI 可以感受到其他意大利餐厅没有的特殊气氛，所以每次有重要的事情，我的首选餐厅一定是 CHIANTI。

餐厅的名声并非一朝一夕建立起来的。它就像酿制一瓶香醇的美酒，一间餐厅需要许多人的构思和品味，以及处理食物的技术，再配合时间的酝酿才能成功。然后它还会像一个生命体般，不断随着时光流转而产生微妙的变化。餐点、酒、装潢、服务、老板和顾客等各项构成餐厅的要素中，任何一项些微走样，都将影响餐厅的整体气氛。像 CHIANTI 这样三十七年来几乎没有什么改变的餐厅，实在非常罕见。这本书中详细地描述了 CHIANTI 得以维持原有风貌的原因。目前仍在营业的 CHIAN-TI 正泛着"历史"的光辉。

五木宽之、坂本龙一、尾崎丰、吉川晃司、乡广美、二谷友里惠、筱山纪信、松任谷由实、内馆牧子、石原慎太郎、中上健次、村上龙、吉本芭娜娜、山田咏美、银色夏生、森瑶子、林真理子、斋藤由贵、高木美保、小野美雪、北野武、宫泽理惠、楠田枝里子、黑木瞳、田中康夫、泽木耕太郎、小林麻美、藤真利子、桃井熏、草刈民代、周防正行、森田芳光、田边昭知……曾和我一起在 CHIANTI 用餐的日本文艺界人士不胜枚举。回想每次在 CHIANTI 用餐的各个片段，等于回顾我过去工作和私生活的点点滴滴。

于是我开始想把 CHIANTI 的故事写成书出版，那时候我们出版社才刚成立。当时我和《CHIANTI 物语》的作者野地秩嘉已相识多年，但我并不知道他也在非刻意的情况下开始撰写《CHIANTI 物语》。CHIANTI 开店三十周年之际，为了给老主顾们一个纪念，制作了一本名为《CHIANTI 30 年》的豪华纪念册，而这本纪念册就是由野地秩嘉负责编辑的。因此他那时候其实就已着手撰写，从他认识 CHIANTI 创立者川添梶子和川添浩史为开端的长篇故事。这本书原本已敲定由某家大出版社出版，但后来因缘际会，改由刚成立不久的幻冬舍出版，只能说我们实在很幸运。牵强地说，或许是作者也感受到我对 CHIAN-TI 的强烈情感吧。

"这本书由见城先生的公司出版我最感荣幸。"

我听到野地秩嘉这番话，犹如对自己二十年的编辑生涯做出总结。夸张地说，因为在我身为编辑的岁月里，都有 CHIAN-TI 相伴。我在这里谈恋爱，在这里谈成许多工作，在许多情况下碰到各种问题时，我都会来这里喝酒或吃饭。我们成立新出版社后，经过几番迂回曲折，终于取得这本书的出版权，让我觉得这宛如命中注定似的感触良深。

釜泡弘在这本书单行本的推荐文中这样写道：

"忽然发现在隔壁桌用餐的是法兰克·辛纳屈和马龙·白兰度等人，我们这些后生晚辈一边颤抖一边和他们打招呼，并向他们请教许多事情。那情况使 CHIANTI 宛如一所夜生活学院。"

对我而言，CHIANTI 就是一所夜生活学院。

作者野地秩嘉以世界赛车手福泽幸雄的死作为开端，叙述川添浩史与川添梶子奔走天涯的恋情，川添浩史在世界各地交游广阔，他与"光轮阁"经理以及吾妻歌舞伎制作人 Cocteau、Camus、Capa 等人私交甚笃，而川添梶子则是十九岁就成为意大利雕刻家 Emilio Greco 的弟子。此外，野地秩嘉还描写 CHIANTI 开店的过程、开店以来对日本文化的深刻影响，以及其顾客的青春岁月。就连川添浩史与川添梶子相继过世的事，野地秩嘉也极力屏除自己个人的情绪，用客观淡然的笔调在书中加以着墨。他的写作手法与其说是字字深思熟虑，不如说他让书中每个登场人物都恰如其分地出现，而这本书的成功之处在于，野地秩嘉仿佛将非常难以言喻的内容，制作成一出名为"餐厅与其时代"黑白纪录片，呈现在读者眼前。

虽然精致的访谈以及众多数据的搜集，耗费野地秩嘉好几年的时间和精力，但他的文笔给 CHIANTI 的故事增色不少，而他笔下的故事发展也十分自然流畅，使人感觉像是在看一场电影。在我这个对 CHIANTI 情有独钟的人看来，这本书不带偏见地重现 CHIANTI 的真实面貌，反而让我们拥有更大的想像空间。

其实，野地秩嘉在书中仍不免流露些许个人情感。

"在物质丰裕的现代社会里，比《CHIANTI》提供更地道意大利面食和美酒，甚至装潢更佳的餐厅非常多。然而，有多少餐厅能让顾客在店内感受到时代的氛围，和能如此聚集着各行各业的精英呢？最后，究竟有多少餐厅老板，对待默默无名的年轻人时，比对待名人或有钱人更体贴用心，偶尔还会拍拍他们的肩膀，为他们加油打气的呢？

因此，《CHIANTI》代表的并不只是一家意大利餐厅，而是指那些人在那个时代里所聚集的空间。"

独特的温情　安井一美

61

野地秩嘉确实成功地将"那些人"、"那个时代"和"那个空间"描写得淋漓尽致。

我听到安井一美过世消息时，首先浮现脑海的，是我第一次去 CHIANTI 用餐那天的情景。她就是活在"那个时代"、"那个空间"的"那些人"之一。

人出生到这个世上，各自营生，最后迎向死亡。不过，无论任何事物，只要人们愿意真挚付出努力，其精神都将流传后世，并使人激发出新的创意。

因为《CHIANTI》中所描述的由川添浩史和川添梶子夫妇以及顾客们共同创造的 CHIANTI 传说，将成为现在进行时，持续给"现在"和"现在的人们"增添丰富的色彩。

巨人走钢索　五木宽之

直到现在，我仍不敢相信那情景曾经真实存在过。

地点是在伊斯法罕（Isfahan）的阿巴斯大饭店中庭，我和五木先生很迟才吃晚餐，餐后我们两个喝着热红茶。偌大的月亮高挂天边，或许因为空气澄净的缘故，单凭月光就足以照亮四周。中庭里有白桦树和各种花花草草作装饰，植物的淡淡清香随着凉风拂面而来。远处依稀可见王朝的清真寺，那蓝色的圆屋顶和长长的尖塔，还能听见不知来自何方，虔诚的古兰经诵读声。我们两个手中的红茶不断续杯，什么话也没说，只是安静地坐在白色的长椅上。

阿巴斯大饭店兴建于十六世纪，被誉为世界三大饭店之一，至今仍保有当年引以为豪的骆驼商队旅店的传统。

我啜饮着红茶，想像着置身在曾是骆驼商队往来丝路的时代里。事实上，这家大饭店现在的风貌与当年相较，几乎没有什么改变。

时间暂时静止，我一下子将三四百年联结起来，又回到现在。

五木先生那时候在想些什么呢？

他可能正想着那个可爱的少女吧？中午时分，那少女在昏暗的房间里，跪坐在一名老妇的身旁默默地编织比自己大上好几十倍的绒毯。

抑或说他是在想像着在大饭店附近古物店买的那只泪壶的传说呢?

1977 年 5 月 25 日早上,我们抵达德黑兰的梅赫拉巴德机场,到那天为止,《燃烧的秋天》在《野性时代》上连载刚好满半年。

那天早上开始,五木先生就到市集里逛,他喝光每家店端出的热红茶,仿佛那是他的活力来源,然后以惊人的耐力,几乎逐张仔细地欣赏那些耗尽当地女性一生编织的数量庞大图案美丽的波斯绒毯。

从市集的人口处,完全看不出其纵深和广度,而五木先生连那些外国人很少踏及的地方,也都深入探访。

第二天,我们前往伊斯法罕,并很幸运地住进阿巴斯大饭店。在伊斯法罕,五木先生同样以过人的精力四处走动,连我都快大喊吃不消。由于在市集里走逛太久,一走到外面,我便觉得头晕目眩。这个国家的明暗对比太过强烈了。

在阿巴斯大饭店那个如梦似幻的夜晚,我或许真的太累了,所以才会在静止的时间里,恍如自己身在传说中的古老世界里。

《燃烧的秋天》是一部描写一个贯穿着悠远的时光之流,在现代复活的女性如何生存的神话。亚希的爱和别离将很快可以铭刻在人们的精神深处,并成为象征时代的故事。

京都、祇园祭、绒毯、丝路、波斯。

为了创造新的神话,人们必须累积好几个世代残存下来的记忆和事迹。

正因为神话之所以为神话,即使生活在编织众多帝王仕女故事的《一千零一夜》的城市,亚希仍非得远行不可。

"女人应该如何生活下去？"

比起男子们追逐黄金、穿越沙漠、刀光剑影的厮杀搏斗，亚希面对的则是更令人热血沸腾、心惊肉跳的冒险之旅。

《被放逐的日子/3　花落何处》收录了自 1977 年 1 月至 6 月，在《现代日刊》上连载的随笔。

五木先生似乎很在意标题。为了表达自己的思想，五木先生对标题格外费尽巧思。

众所周知，《迎面吹来的风》是五木先生的第一本散文集。他不但是杰出的小说家，还以如椽大笔生动地描绘这个时代，同样展现其纯熟的笔力，深受众多读者们喜爱。

这个标题的灵感，来自鲍勃·迪伦（Bob Dylan）的成名曲。五木先生大胆采用二十世纪六十年代末期，具有文化代表意义的歌曲名称当作散文集的标题，其实蕴含着丰富的意义。它代表着亲自参与提出异议的群众、这是一个文化复制的时代、文化必须具备国际视野，以及表现自我的各种领域，其实皆奠基于相同的基本理念等等。经过将近二十年，我才深切地领悟到，五木先生在那本散文集之后，进行各种超乎常人且深具质量的创作活动，而该散文集的标题已预告着这些活动的纲领。

确切地说，"迎面吹来的风"这个标题，主要重点在于"被风迎面吹拂"里的"被动"意味。听来或许唐突，但这世上应该没有像五木先生这样能刻骨铭心地体会"人是在命运安排下来到这个世界的"作家了。在五木先生的文学创作中，无论"失去故土的人"和"撤侨经验"，或"怨歌"和"戒严令"等概念，总是与"被动"密不可分。人类生存的非自主性，才是五木先生创作的首要命题。

巨人走钢索　五木宽之

65

自 1975 年 10 月以来，整整八年的时间，五木先生还曾经一度宣布停笔，但八年后完成的散文集，标题就是"被放逐的日子"。他现在仍然爱用被动语态创作文章。不，说爱用并不正确。应该说对他而言，与人相关的事物，就是要用被动语态来描写才自然。而"被放逐的日子"，可说是现在进行时里最直接的被动表现。

人是被动的，这个基本认知象征五木宽之这个受命运掌控的作者建构的世界，也暗示其创作的秘诀。

在本书中，我曾提及五木先生为了搜集小说《燃烧的秋天》的创作灵感前往伊朗的事情，当时我也以责任编辑的身份与五木先生同行。对我而言，那次和五木先生共同采访的工作，充满美好的回忆。因此，虽然我平常就爱读"被放逐的日子"，但是本文的回忆让我特别难以忘怀。

在我更亲近五木先生之前，他是我心目中的巨人和英雄。这个印象直到《燃烧的秋天》出版后，也丝毫没有改变。然而，同样是巨人，现在对我来说，他更像是承担着被动的命运屹立不摇的巨人格列佛。我脑海里清晰地浮现出五木先生被丢进小人国里，但他手上已握着从被动到能动的转辙器的身影。即使处在那种状况下，他照样能够因地制宜有所作为。

在本文中，五木先生针对"失去故土的人"做了补充说明："我所说的'失去故土的人'，是指那些自己想安定下来，或已在某地落地生根，却因为权力或公害，从某地被驱逐出来的人们。（中略）不管同意与否，几乎所有的现代人都没有选择的余地，或多或少背负着一个共同的命运，那就是自己也不知何时将失去故土。"

很多人将五木先生这种独特的认知，与他过去遭到遣返的经验联结，说他现在的创作核心源自他过去的体验。然而，我完全不认同这种说法，我的观点恰巧相反。现在五木先生违反自己的意志，正因为他在艰困的状态下生存，所以他在中国东北和朝鲜的体验，才能明确地浮现出来，再次被重新建构。虽然他曾宣布停笔，但后来他仍在"被放逐的日子"一书中展现高度热情，继续坚持人是在命运安排下来到这个世界的，尽管许多言论和故事主张现代人具有自主性。五木先生认为周遭世界的黎明尚未到来，人们不该沉睡，要在咖啡厅里继续坚持下去。（该系列散文集第二章标题为《深夜的咖啡厅》）。

我每次接触五木先生及其创作活动，就会想起马克思说的"对人类而言，存在就是受苦"。正因为我们手里握着负面的牌，才有机会由负转正，所以我们应该勇敢地面对它。而五木先生的文章向来正体现着这种逆转为胜的辩证法。这么说来，难怪他最近的表情也越来越严肃。

该书第一章标题为《走钢索的鸱枭》。五木文学的读者应该很熟悉鸱枭。故事中的鸱枭虽然过着日夜颠倒的生活，却是勇气与智慧的象征。在罗马神话里，密涅瓦（Minerva）女神身旁的猫头鹰只于黄昏日暮后展开双翅，然后完成其被托付的任务。五木先生不称自己为猫头鹰，却自称鸱枭（鸱枭是猫头鹰的一种），这是他的幽默。尽管如此，现在时代正需要五木这头猫头鹰展开双翅，相信许多与他同时代的无数读者，其意识深处正热切盼望他振翅高飞。而时代的剧变越是激烈，逆转为胜的辩证法就越有机会，最后必定可以带来丰盛的果实。

总之，五木先生以花比喻自己的命运，风迎面吹来，被放逐的日子结束后，巨人格列佛究竟将走向何处？

这本"被放逐的日子"标示着五木先生是个引领时代的思想巨人，其理念将永远传递下去，其用语言的巨大力量追上时代的胆识，就如同巨人格列佛试图走钢索般令人胆战心惊。

维他命 F　重松清

在我的少年回忆中充满着茶香，因为静冈县清水市是我的故乡，小时候常把茶园当作游乐场，而上下学必经的那条道路两旁也有制茶工厂。

虽说我在那样的环境下长大，不，应该说正因为和茶的关系太过紧密，长久以来反而没有养成悠然品茗的习惯，不过几年前我开始戒酒以来，就越来越常喝茶。

当然，我还没有那种功力，可以分辨茶的细微差异并以此为乐——然而，有时候我多少会分辨一些茶的种类，例如前几天我喝了口茶就不假思索地说，这好像是"甘露茶"嘛。那是一个令人开心的夜晚。一月十六日那天，与我同属在角川书店工作时，比我晚进公司的编辑同仁重松清，以《维他命F》一书，赢得直木奖。

我知道这样有点失礼，但是我不想在他的名字后面加"氏"或者"先生"等敬称。他本人应该也会说"如果你那样叫我，我会很不好意思。"因为1985年我和他第一次见面的时候，我三十四岁，而他才二十二岁。

他那时候就像蛋壳还黏在屁股上的雏鸡，还有些许学生的青涩气质，但却是个对编辑工作充满爱与热情的年轻人。我和他是不同部门的同事，可是我不知道像我这样的男人，到底有什么值得他欣赏的地方，他总是"见城先生"喊个不停追随着我。由于我出身自清水市，有一次他逮住机会跟我说："见城先生若是清水次郎长（译注：日本武侠片中的老大），因为我姓重松，那我就成了森之石松（译注：清水次郎长的手下）。"

这个重松仅在公司待了一年即辞去工作。临别的时候，我只对他说"你没能成为森之石松呀"，并对没能为他尽心做点什么感到愧疚。

后来，重松成了自由作家，他的作品都非常畅销，前程似锦，而我也在自己的世界里不断努力向上……1993 年时，我决定创设现在的公司。那时才真正打心底认为重松是一个不可或缺的编辑人才，希望幻冬舍这家初生的出版社能有他这个森之石松来帮忙。

重松听到我的提议后，先说了一句"非常感谢您"，然后向我低头致上歉意，因为他那时已经逐步地迈向作家的道路。

在那之后，又过了七年左右。我在一次与工作有关的饭局上，得知重松获颁直木奖。那刚好是吃完怀石料理，侍者为我端上刚沏好抹茶的时候。

我将茶杯举到眼睛的高度，自己一个人干杯庆祝。行旅骏河国（译注：静冈县的旧称），茶香处处飘——我一边啜饮着抹茶，一边祝福他在作家这趟漫长的旅程中，顺心得意。我仿佛浸润在抹茶微苦的浓郁茶香之中。此时，重松的表情浮现在我的脑海里。或许那天晚上在品茗之时，我也在回味着和他相识后的生活点滴。

双重人生　夏树静子

　　有人曾经这样说道：人生只有一次。这是毋庸置疑的严肃事实，不容抗辩。有论者甚至认为，人之所以受到小说、电影或戏剧这类虚构世界的吸引，其根本原因在于每个人只有一个人生，这是补偿心理的情感转移。

　　《Dual Life》四十六岁的主角时津逸人，在故事的开头，自述其对自己人生的看法：

　　"一般而言，三十岁到四十六岁是决定人生的重要时期，或者对一个男人来说，应该是最有男子气概的时候，但回想起来，我觉得自己在那段岁月中，似乎并未活出真我，只是不断将时间和精力耗费在满足世俗的期望上。"

　　倘若故事就到此为止，说得严苛点，这不过是中年男子多愁善感的告白。或者说，同年代的读者们，多少都有和主角同样的感触，所以令人怀疑这样的故事是否具有可看性。

　　然而，主角的叙述不仅止于此。

　　"这么说来，那我三十岁之前在东京的生活，是否就算是精彩而充实呢？而在更早之前呢？扪心自问，我究竟何时曾经确实拥有自己最期待的生活，连我自己也不知道。"

　　故事最初描述的是时津逸人自老丈人手中接下建设公司，在众人眼中，每天过着幸福快乐的日子，但他却怀疑自己得了胰脏癌。他那段对人生的自述，就是在医院等着接受检查时，因为惶惑不安而暗自叨念的。

时津逸人是否真的得了胰脏癌？假如确定是癌症，那他的病况已经恶化到第几期？还有多久可活？他的家庭怎么办？公司怎么办？故事开头就吊足读者的胃口，并没有格外突显主角的自述。但随着故事的进展，读者应该明白，主角的那些话才是牵动整个故事的关键。

请各位想像一下。像描写罹患癌症没有多少日子可活的主角，在其余生中如何重新找回曾经最向往的生活的故事，亦即重拾过往人生的故事，是何其老套和矫情。那样的小说又是多么粗糙不堪！

夏树小姐决不会犯下这种愚蠢的错误。

时津逸人并没有罹患癌症。检查的结果，他得的是慢性胰脏炎，他对死亡的恐惧，顿时为之消失了。"映入眼帘的所有事物，全都忽然恢复栩栩如生的色彩"、"对工作充满干劲活力"。而且，他还决心要完成某个心愿。

他想要为自己二十年前犯下的错误赎罪。他与情人高坂史两人曾经誓约结婚，但他后来背叛了她，他希望对此做出补偿。

"我已经无法重新唤回二十年前的生活，但是现在应该还来得及做出补偿吧？不，现在不补偿的话，以一张诊断书让我重生的命运之神，或许再也不会给我时间和机会了。"

这并不是面临死亡的男子，为了逃避人人称羡的现实生活，而借此追溯过往。相反的，正因为他与命运约定要继续活下去，才决定务必要趁现在弥补过去的罪孽。他内心深处一直渴望的"另一个人生"和"最期待的生活"，正如他所认为的，这并不存在于过去，而是在当下。

Dual Life——双重人生。不是丢弃"已经无法重头来过的"人生，而是重新打造另一个为了补偿而存在的人生。虽说人生只有一次是不容违逆的事实，但人真的无法同时拥有两个人生吗⋯⋯

读者在阅读本书时，将持续与时津逸人共同思考这个问题。

Dual 这个字，目前多翻译为"两个的、双重的"，但是在古英文里，Dual 也代表"成对的"。

阅读这本小说的时候，若记住 Dual 这个字在古英文的意思，就会发现时津逸人的 Dual Life，正如 Dual 这个字义。

虽然时津逸人如愿与高坂史重逢，但她遭到背叛精神受到残酷的打击，导致她罹患严重的健忘症，对自己与时津逸人的所有记忆已经彻底遗忘了。对高坂史而言，原本"可能和时津逸人共度的二十年时光"，已经是一片空白。故事的发展演变成两幅讽刺而悲哀的构图。

时津逸人也无法如一般男女重逢的故事那样，轻易地填补高坂史记忆里的空白。他不能对她表明身份，因为一旦高坂史恢复记忆，肯定会再度跌入绝望的深渊。如此一来，时津逸人的补偿就失去意义⋯⋯

于是时津逸人借用故乡朋友柳原一根的名字，展开补偿高坂史的生活。对照自己原本的人生，时津逸人假借柳原的日子里，内心感到平静而充实。柳原的身份让时津逸人的人生再添一对新构图。

"一个目的一旦达成，就会朝下个目的前进，时津逸人不停朝着更大的目标迈进。换句话说，他觉得自己像是被内在无穷尽的欲望不断驱策向前，岁月在他手中飞快地流逝，从来没有一天过得踏实。"

"在旁人看来，柳原似乎拥有一种不可思议的才能，可以坦率地接纳一切现实条件，在现实环境里拼命努力，并且让自己过着愉快又充实的生活。"

时津和柳原的对比构图，哀切沉重却又贴近真实，深深震撼读者的内心。其理由何在呢？是因为读者们都能深刻体会，何以时津逸人那么向往柳原一根的生活吗？这个答案回答了部分问题，但真正的答案不仅止于此。

我知道试图将作家的生活与作品链接时，必须小心谨慎。但至少讨论这本书的时候，绝对有必要将本书内容与夏树小姐的亲身"体验"相对照，然后再搭配阅读另一本书。

1993 年 1 月开始共约三年期间，夏树小姐因为不明原因，一直为强烈的腰痛所苦，而她也借由撰写《椅子真可怕》（《文艺春秋》杂志）一书，详细描述那段经验。《Dual Life》这本书曾在《每日 Sunday》杂志自 1993 年 8 月 1 日号至 1994 年的 4 月 24 号上刊载。那段时间正是她腰痛最严重的时候，据《椅子真可怕》一书所言，她当时必须"趴着写稿"，而《Dual Life》就是在这种状态下完成的。

"我决定全心投注在这个工作上，其他的稿约向编辑说明原委后予以延后。以我目前的身体状况，只替周刊杂志写稿，就是个沉重的负担。此外，想写的东西太多，也使我感到焦灼。"（引自《椅子真可怕》）

读者们是否已经察觉到，夏树小姐的焦躁不正是与时津逸人的想法"成对"交送吗？

此外……

夏树小姐遍访名医总无法治愈腰痛的原因，令人感到意料。因为这竟然是支持着畅销作家"夏树静子"的潜意识因为过度疲倦所发出的求救讯号。

"夏树静子"这个畅销作家的笔名与"出光静子"这个本名，两者共存却相互对峙着，形成夏树小姐自身 Dual Life 的纠葛，而这种纠葛又与时津和柳原之间的纠葛非常相似。

而且，我很想直率而大声地告诉读者，夏树小姐找到腰痛原因的时间点是 1955 年 8 月，而《Dual Life》的单行本是在 1994 年 11 月出版。换句话说，夏树小姐在写这本书的时候，并未意识到由于夏树静子和出光静子两者的对立，使自己内心产生 Dual Life 的纠葛。

夏树小姐的潜意识或许在《Dual Life》写作阶段，不，可能在构思阶段，就已经发出警讯了吧？夏树小姐或许曾不断透过时津逸人来质问自己，人是否可以同时拥有两个人生这个沉重的问题吧。而高坂史遭到时津逸人背叛的事，设若直接存留在记忆中，她就会面临精神崩溃，所以她本能地压抑自己，把那个记忆尘封在无意识的世界里。这和夏树小姐的潜意识为保护她的健康，而以腰痛的形式发出警讯，难道不是一样的道理吗？时津逸人以"柳原一根"的身份与高坂史一起生活的地方，夏树小姐将它命名为"希望之丘"，其意义应该不仅止于修辞，而是她的潜意识希望自己能平心静气吧？

没有人知道其中的答案，恐怕连夏树小姐自己也不知道。果真如此的话，我们身为读者也只能惊叹优异作家的表达能力，为她的先见之明感到栗然，让我们得正襟危坐，再次翻阅《Dual Life》的篇页。

这本书也提到日本的河流。

例如，时津逸人拜访高坂史居住的前桥之时，想起萩原朔太郎的某节诗行，"让一切随着利根川水流逝而去"。高坂史独居的公寓紧邻着视野良好的河岸边，而在时津逸人思念的故乡里，耶马溪的清澈溪流则联结柳原一根的人生，成为故事结尾中，某个惊人事件高潮的舞台（因为有些读者看书时，会先读解说的部分，因此我在此不便透漏内容为何）。

此外，时津逸人和高坂史的幽会，经常与河流有关。这样的安排到底有何用意呢？

以"柳原一根"的身份出现在高坂史面前的时津逸人，在理智上很清楚"静静地在远处守候，是最符合自己期望的做法"，但"就是压抑不住自己的热情，无法只是在远处静静守候着她"，也因此和她两人在东京约会。那次约会是搭乘水上巴士，从隅田川河口逆流而上的短暂旅程。

在水上巴士中，高坂史和时津逸人聊到三岛由纪夫的《走尽的桥》。这是一部短篇小说，描写在沉默中前行的少女们虽然各个都曾许下心愿，但半路上却有人接二连三退出这趟渡桥的祈愿之旅。

我来援引那时候他们之间的对话。

（"最后，没有人达成心愿吗？"

"不知道啊，我已经忘记那个故事最后的结局，只是现在我们正逐个地从许多桥下经过，所以才想起那个故事。"）

接着，故事发展到中间部分，高潮即将来临。时津逸人和高坂史往上越县境的谷川岳山脚下的汤桧曾温泉前进，再次找回二十年前的光景。

（"河水是在这里分流的吧。"小史看着地图说道。

"往左的是汤桧曾川，往右的还是利根川。"

"汤桧曾川的源头位在谷川群峰吧。"

他们终于来到上越县境的分水岭附近。）

时津逸人的 Dual Life，可以说是在他沿着隅田川自河口逆流而上时，才正式展开，此后这趟人生之旅不断逆着水流朝向上游前进，终于来到河流的分流处。

而越过分水岭，意味着他的 Dual Life 人生朝"柳原一根"这边走去。

时津逸人以此为目标，打定主意"无论如何都要往前行到尽头"，开着车朝谷川岳的方向走，但是仅容单线行驶的国道在中途就没路了。

"果真已到路的尽头了。"小史嘟囔着。

"不，未必已经到了尽头。"时津回答道。"不过，这里开始是为登山者而建的登山步道，国道已经到尽头了……不，不能这么说。刚才我看地图，山的另一边就是 291 号线公路，一直延伸到日本海呢。换句话说，还有一条新路在我们眼前，就像这山下深处的地下水脉一样，绵延不绝。"

时津心想，他为何这么故作坚持呢？

应该说，他不得不坚持下去。因为找到那条"像山下深处的地下水脉一样，绵延不绝"的奇迹似的山路，即可将过去未能和高坂史共度的二十年岁月与"现在"联结起来，这条山路是他实现这个梦想的最佳途径，而且在家人不知情的状态下，以"柳原一根"的身份活下去。

这个愿望果真能够顺利实现吗？

时津逸人的 Dual Life 最终是否能跨过分水岭，流入新的大海？

假如我先向你们透露结局，恐怕有违我撰写解说的本分。

我希望你们去读这部作品。

我希望你们品读这本书的内容。

如此一来，你们也一定会发现。故事最后快速的发展和急转直下的情节，其实是由故事中每个角色各自不为人知的"地下水脉"汇流而成的。

关于书中故事情节，我不能再多说。故事的趣味全在故事里。

我只想从刚才提到的"椅子真可怕"引用一些话。

"河川溪流里的水分为表层水和深层水，表层水流速快充满活力，但是底层水多半停滞不前，容易聚集微生物，让水质变差。不过，听说有些河川的水流会自发性搅动，因此这些河川的底层没有水质恶化的问题。

或许人不应该只注意到表层的水流，偶尔也必须对自己的生命之河的深层彻查一番才行。"

（引自《椅子真可怕》）

原来如此啊……我频频点头重读上述引言，然后立即翻开《Dual Life》一书的开篇，不禁倒抽了一口凉气。

书的开头描写的是引发时津逸人展开 Dual Life 最初的契机，也就是他怀疑自己罹癌的缘由，书中提到他觉得"身体微恙"，并有以下叙述：

"（那时正值农历的"惊蛰"）

惊蛰时分，躲在地底下过冬的各种昆虫都开始出来外面活动。"啊！原来所有故事情节早已在这里埋下伏笔……

最后，请容我谈点私人琐事。

《Dual Life》1993 年秋天在《每日 Sunday》杂志上连载时，我正在人生的重大歧路上徘徊。因为我任职十七年的出版社发生了引起社会关注的大事，我被迫决定是否向公司请辞。

当时，我非常烦恼、迷惘、苦闷不已。为什么人不能同时拥有两个人生——我时常这样思索。

正因为有这样的苦闷历程，我才会对时津逸人的 Dual Life 深深着迷，包括时津逸人的烦闷、喜乐、苦恼以及赎罪的念头，就连他的自私自利也如同溪水般沁入我心里。

从那以后，已经整整过了四年。

最后我决定离开原本的出版社，与好友们共同成立一家小小的出版社，一直经营至今。

如今，夏树小姐的腰痛毛病也已治好，继续像以前那样为读者写出感动人心的作品。

至于时津逸人，他现在正在做什么呢……

我脑海里偶尔会浮现这样的猜想。

为什么害怕孤独　尾崎丰

一

　　走在熙来攘往的新宿街上，男子感到惶惶不安。当《Sherry》这首曲子的音符从唱片行流泻而出，男子停下脚步。《Sherry》之后播放的曲子《Scrambling Rock 'n' Roll》，同样刺痛他的心，他知道这两首曲子都是由同个青年演唱的。他也知道这位名叫尾崎丰的年轻人还会谱曲作词。男子直觉地认定，将来自己必定会与这名青年合作出书。男子的行事风格向来如此，总希望能与让他感动的人共事。他认为事不宜迟，旋即与尾崎丰的经纪公司联络。虽然对方告诉他"你已经是第七家表示希望与我们合作的公司"，男子心想：管他是不是第七家，反正我就是想为尾崎丰出书。在那之后，男子不仅在家里反复播放尾崎丰的曲子，搭电车上下班途中，或是因公外出的时候，也都是带着随身听继续聆赏着。即使在《野性时代》杂志社编辑部里，男子也不管是否干扰其他同事，仍然大声播放着尾崎丰的音乐。

　　"结果，我果然还是联络上尾崎丰。他的经纪公司同意安排他和我见面。而我至今仍记忆犹新，当时我预约的餐厅，是在六本木一家名为'和田门'的牛排馆。那可是一家非常高级的牛排馆，其餐点之美味，几乎可以溶化你的味蕾，而且还是我豁出去自掏腰包请客的呢！我想他是个年轻小伙子，应该会想吃很多肉，就用美味的牛肉来笼络他。虽然估计我们公司可能不会买账，但我还是不顾一切砸下大把银子（笑）。前来赴约的，是一个皮肤非常白皙的年轻人，刚开始的时候，他极为沉默寡言。当时我猜想他只有十八岁，也许比较青涩害羞，但是后来我们混熟，他就开始滔滔不绝地说个没完。我认为若不说些让他感到兴味盎然的话，他肯定不会答应让我为他出书，因此就很认真地与他深入讨论音乐和作词，我们离开牛排馆时，外面正在下雨，他对我说：'见城先生，请等一下！'然后跑到路上为我拦了一辆出租车。我和尾崎丰的交情就从那天开始建立……几经波折之后，他最后决定与我合作，而在我之前的那些出版社则全都出局。"

男子与青年初次合作出版的书籍，以《有人在按喇叭》（角川书店出版）作为标题，虽然迟了一年才上市，但仍依照约定赶在青年二十岁生日前出版。后来因为青年没办法再写一本完整的新书，恰巧当时青年在地方电台有自己的广播节目，他在节目中会朗诵自己写的故事，我们逼不得已想出一个绝招，即将这些故事的文稿直接制作成册。

男子希望借着这本书，打破书籍出版的传统。善加利用尾崎丰的感性，制作一本让人用来"感受"，而不是"阅读"的书。男子除了将书设计成向左翻页的形式，也在书中夹杂各种莫名其妙的记号、英文和数字，完成一本让人用来"感受"的书。结果《有人在按喇叭》成为热卖三十万本的畅销书。

二

他说"无论如何都希望在二十岁之前出一本书",结果在他二十岁前大约一个月,我们为他出版了《有人在按喇叭》这本书。在这本书中,他将印象深刻的街景和自己内心的意象交迭呈现。不过阅读这本书,仍可隐约感觉到一个十九岁青年文笔的懵懂青涩。譬如他最初以第三人称叙事,后来又突然变成第一人称,而且文章的逻辑脉络不够清晰严谨。严格来说,《有人在按喇叭》只能算是一本半成品,可我认为这本书充分展现出尾崎的精神、气息和他给人的感觉。作为一本处女作,《有人在按喇叭》确实蕴含着尾崎之后所有文章的各项特质。

像尾崎这样的孩子,在创作上天赋异禀,他对自然界风花雪月的变化非常敏感,尤其是四季的更迭交替这类,所谓构成大自然的基本要素——天有春夏秋冬之运行,人有生老病死之循环。此外,每个季节都有其相应的活动,例如春耕、夏耘、秋收、冬藏。从各种角度来看,述说故事和创作旋律几乎没有什么两样,但是尾崎十分擅长掌握"闲寂恬静"和"幽雅精练"的趣味。他拥有一种天赋,可以立刻知道,在某个街景突然映入眼帘时,如何将眼前所见的一切与自己心境相互应和,以及如何透过创作,将自己的感受完整呈现。

我认为尾崎在写作上,表现非常优异,即使与那些所谓现代诗才子,例如吉本隆明和谷川雁等人的诗作相较,亦毫不逊色。

《白纸漫舞》这部作品,就充分表现出尾崎丰对语言的理解力，以及他与生俱来的创作才华。他用相机拍下吸引自己的风景或人和事物，然后再配合照片里的景物做诗，编排在照片的旁边。这样的创作手法，可以使读者对自然万物、四季嬗递，以及光阴岁月，有更加深刻的感受。有时候我手头会有一些书，像是《兰波诗集》和《吉本隆明诗集》，比如我把书交给他说"你看看这些书吧"，他只会很快地把书随意翻过一遍，不过下次见面的时候，你就能听出他的言谈已受到那些书的影响，可是他使用的语汇却又充满个人风格。换句话说，即使受到其他创作者影响，尾崎依旧能够保有自己的原创性。对于诗歌这种精炼的语言，我认为尾崎确实拥有过人的天赋。

尤其在过世前一年，他可说是经历各式各样的纷扰。他也只能依靠随兴写作来抒发情绪，借此自我救赎。然而，他并不只是单纯地写日记，让自己的文字变成乱无章法的杂记。他的内心存在一种净化机制，确实地纯化着自己的思绪，让自己的文字变得客观。尾崎的随想皆先经过一次过滤、纯化后才会化为文字，若没有先累积丰富的随想，他应该很难下笔。所以他在撰写《白纸漫舞》的那一年半载里，心里应该聚积着非常可观的灵感和想法。否则他怎能写出情感如此深切、用词如此铿锵有力的文章。

在诗词创作方面，我始终认为尾崎和"其他的音乐家，有点不太一样"，但是当初我甚至对"他是否真有能力写小说"表示存疑。

与他在健身房重逢后，他交给我的第一部小说标题为《幻影少年》，初稿总共有三百页。这是他当初最想写的小说，但后来初稿的内容只剩下开头部分没有删除或改写。尾崎这部小说的初稿实在太抽象，文字又很艰涩，因此我给他的评语是："这部作品或许只有你自己才看得懂吧。"

过不了多久，他就开始写《落日大街》，说什么也不肯让步，我后来就把这部小说放在《角川月刊》上连载。尾崎心里有太多话想说，而他以为只要用小说的形式发挥，就可以一次把所有想说的话全部写出来，所以他的小说会出现结构上的问题。我记得当时为了改善那些问题，我在他的小说上投注了不少心力。

作家中上健次的作品《灰色可口可乐》、《最初的事》，以及曾获选芥川文学奖入围名单的《鸽子们的家》等，皆是作者在面对内心的混乱与失序时，努力克服难关所成就的作品；这好比碰到化解不了的冲突，就诉诸暴力用拳脚来解决那样。尾崎拥有与生俱来的敏锐感受力，他的眼光总是难以自抑地停留在非常细微的事物上，但是他又与中上健次有着类似的特质，这种奇妙而诡异的性格组合，使他得以创作出非常暴力却又不经意流露出虚无况味的文体，而这也是尾崎的小说最值得称道之处。

尾崎经常在写作的当下，忘了先前写的东西。对他而言，眼前的问题才是最重要的，所以要他注意文章前后脉络和逻辑的连贯，几乎是不可能的事。但每次只要他留意到这个问题，并加以避免，那一个章节就会写得特别好。每次向尾崎提出建议或是与他争执写作的细节，例如"这里如果不修改，前后文意思就会变得不连贯"，或是"这里应该就维持原状啦"，成为我当时工作的乐趣之一。话虽如此，他每个月都会带着作品来找我，而且非得针对该作品发表各种想法否则不肯善罢干休，因为他并不觉得自己的作品完美无瑕。他认为自己每天都面对各种对立纠葛，每天都在痛苦煎熬中不断蜕变，因此他的作品一定也在持续改变，他似乎总觉得"这是我昨天写的东西，所以可能很糟糕"。因此写小说的时候，他总想把所有念头尽可能全部写进小说篇幅里，于是字里行间不时流露出他的焦虑和不安。

《普通的爱》一书中曾加入的"改变"，或是即将成书的《入世天使的安魂曲》，则可看出尾崎开始非常认真思考什么样的专注方能创作出自己最想要呈现的世界，而不只是把所有的想法都倾吐出来就好。尾崎已经死了，很多话现在说了也无济于事，但尾崎竟然在他极力掌握专注和静默的深度时撒手人寰，写到这里，我不由得感到万分遗憾。

站在舞台上的尾崎，当然会注意自己的表演，但是创作小说和诗歌的尾崎，必须往自己内心的最深处最底层去探索，根本无暇注意自己的表现。尾崎心里非常清楚，写作时只能专注面对文字处理器，这和在成千上万的听众面前表演，完全是两回事，所以他才得以更加专心致志面对这两种截然不同的事业。若说他是个具有躁郁特质的人，那么他应该只有在相当忧郁的状态下才能写作，也只有在焦躁的状态下，才能在现场演唱会上尽情挥洒吧。

很多音乐人都会写书出版，但内容多半跳脱不出表演领域。这点和尾崎有天壤之别。无论任何创作，尾崎都会不断探寻其本质，所以会变得越来越痛苦。只有在创作时，尾崎是个完美主义者，对自己的表现永远不满意。我认为他之所以英年早逝，这也是原因之一。

我心想，世界上大概没有人像尾崎这样，因为渴望"周遭之人了解自己"而写作，又因为想自我救赎而创作，可却又难以自抑地对其他人感到胆怯与惶恐。如同遭到攻击而受伤的小鸟，翅膀受伤淌血，飞到某户人家的屋前休息的同时，身体仍微微颤抖的自己，和无法自我控制、狰狞残暴如猛兽般的自己，如何使两种同时存在却又截然不同的性格，在内心里和平共处，想必让尾崎感到非常痛苦。这种苦处也唯有透过写作方能抒解吧。除了文字创作之外，大概很难有其他管道抒解如此的痛楚。

我希望读者可以透过阅读了解尾崎内心的纠葛和痛苦，因为他借由文字和音乐所表达的是完全不同的内在世界。

三

要写有关《诞生》的事情总令人悲伤。尾崎花了好几个月制作这张专辑，我和他那段时间几乎每天都聚在一起。尾崎将其对"复出"的希望，全都赌在这张专辑上。我也为了填补一股莫名的失落感，将所有精力都赌在"尾崎的复出"上，跳脱一般编辑的框架，全心付出。

这张专辑的旋律和歌词，皆展现尾崎自脏腑间溃堤般奔流而出的才华。其爆发力与尾崎按捺多年的无穷潜力成正比，强烈地震撼人心。不同于一般创作者，在《诞生》造成轰动之后，尾崎并未陷入所谓的创作瓶颈。无论是谱曲作词或写小说，他的作品接二连三地在我眼前诞生。然而，在创作过程当中，他对于自己所处的现实环境，经常表现得异常敏感。从这个角度来看，《诞生》可说是在愉快的紧张中，好不容易完成的作品。

全心全意把自己的"重生"赌在《诞生》这张专辑上，让尾崎在激烈的情绪起伏中，感觉到前所未有的满足。而这种感受使他的新作中，除了他对于万物悲切的祈祷外，又多了一份耐人寻味的美感。新婚加上长子不久后接着降临人世，怪不得尾崎会将其喜悦反映在这张专辑的创作上。透过妻子和孩子，尾崎才得以面对现实，并首度体认到世上除了自己之外，还有其他生命个体的存在，也就是还有其他人的存在。《诞生》登上专辑销售排行榜第一名宝座的那个晚上，我和尾崎相约在新宿一家大饭店的酒吧里，以啤酒举杯庆祝，并且毫无顾忌地在众目睽睽下相互拥抱。我们两人的眼中都泛着泪光。对我们两个而言，这张专辑若无法夺下销售冠军，一切的努力都没有意义。这一刻，重生这出戏完美地揭开序幕。但对优秀的创作者来说，重生同时也代表另一出悲剧的开始。

　　尾崎死后，我就把《诞生》这张专辑，永远尘封。

四

　　清晨的健身房里，有个青年独自在跑步机上拼命奔跑着。健身房里只有我和他两个人，他那仿佛要将某种纠葛狠狠抛诸脑后拼命狂奔时那股强烈的干劲，在空气中扩散开来，在当时这景象让我觉得格外怪异，毕竟我来健身房只是想让自己大汗淋漓，以便驱赶瞌睡虫罢了。那个时期我又连续熬夜工作极度缺乏运动，所以那天只想去跑步活动筋骨而已，但是看到他那种跑步方式，让我改变主意，想直接泡进按摩浴缸放松身体。

　　突然间，刚结束跑步的青年那热汗淋漓的脸庞朝我的方向靠近，像是见到怀念的老友似的喊着我的名字。

即使如此，我一时间还是反应不过来，茫然伫立在原地，开始朝记忆深处搜寻过去的影像。

"我是尾崎丰。"

青年很快就察觉到我的困惑，并从容不迫地把他的全名告诉我。

五年前，我曾经醉心于名叫尾崎丰的十九岁摇滚歌手。

对我来说，尾崎是难以抗拒的，我一直想帮他出书。尾崎总是以惊人的速度不断地改变着，而我所认识的尾崎，只不过是他生涯里一个微不足道的中继点，但即使如此，我依旧强烈希望可以透过印刷媒体将这个中继点表现得淋漓尽致。尾崎冲撞一切现有价值、破坏传统，所以我希望为他制作一本与其生存方式相称的书，但这本书却又必须极尽可能跳脱一般书籍的框架。倘若我的灵魂是底片，我希望把个体在群体中格格不入的那种悲哀，以及拼命想突破现状的少年当下面临的困境，全都烧附在我的灵魂上，把它冲印成最精彩的相片，变成可以销售的商品。归结说来，我也希望自己有所改变。任何无从改变的事物都激不起我的兴趣。

后来《有人在按喇叭》这本书成为畅销书，我很快即当上《角川月刊》的总编辑。尾崎也再度展开新的人生。偏偏在那时候，我和他从此断了音讯，完全不知道他的去向。

在健身房重逢之后六个月，尾崎名为《落日大街》的小说开始在《角川月刊》上连载。与此同时，他又重新投入音乐事业。于是他带着如同小鸟翅膀受伤，休息时还微微颤抖的敏感，以及无法自我控制狰狞残暴如猛兽般的自己，将再度站上表演舞台。而那时候，《落日大街》应该也已经出版单行本，陈列在各个书店里。不同于去年，属于尾崎丰的盛夏已经到来。我亦要追求突破，做一个与去年不同的自己，彻底粉碎过去的闲散安逸。

因此，我也要改造《角川月刊》。

五

"可是呢，《有人在按喇叭》这本书出版后，尾崎丰就飞往美国了，我和他有两年多没再碰过面。在那段期间，为了让尾崎丰完全不在日本露脸的情况下，又能在市场上维持个人魅力，我每天忙得人仰马翻。那时候就连我对他的生活细节也不清楚。我们两个只在他前往美国前一周，相约在他的经纪公司见面，我把刚印好的书交给他，然后对他说：下次我们见面再好好聊聊，顺便也谈谈下一本书的出版计划。从那之后，我们再也没碰过面。由于断了联络，我也不知道他什么时候会回日本。后来，我忙着处理其他工作，就渐渐把他的事抛到脑后……之所以对尾崎丰的印象再度从沉睡中苏醒，是因为看见他遭到警方逮捕的画面。透过电视新闻，我看见尾崎丰因违反毒品管制法被逮捕，对他的记忆才又清晰地浮现出来。那之后过了一年多，我陆续在电视和杂志上，看到他服刑完毕已经出狱的报道，对他的处境有点担心，但仍然无法与他取得联系，他对我来说，依旧是音讯全无。尾崎丰后来结了婚，关闭经纪公司，把事业完全归零，不过可能手头还有一些存款，所以和妻子一起住在新宿的希尔顿饭店。我和他就是在那间饭店的运动俱乐部戏剧性地重逢。就这样我和全身汗涔涔的尾崎丰坐在地上，聊了大约一个小时。那时候他对我说的是：'见城先生，无论再怎么辛苦，我都想重返文艺界。我现在已经一无所有了。'他说唱片公司不再与他签约，没有经纪公司也没有钱，但无论如何，都希望再一次站上舞台，再继续出唱片。就这样，他一直絮絮叨叨，就像是在说梦话似的。"

那时，男子是《角川月刊》杂志的总编辑，一直觉得自己正在腐化。已经到了坐三望四的年纪，且因为其职务地位较高，不好过分介入棘手的企划案，也没有机会和难缠的作家见面，就连一周两次的文艺活动，像是看电影、看戏和听音乐会等等，假如碰上雨天，他就会取消行程。男子觉得自己如此的转变，非常可悲，就把尾崎的复出当作编辑事业再起的赌注吧。男子倾听那位青年诉说着自己的梦想时，突然觉得眼前这个三千烦恼丝里明显夹杂许多白发、肌肉松弛、沧桑憔悴的青年身上，映照着自己的身影。

后来男子全心栽培这名青年，仿佛成了他的专属教练，完全跳脱一般受薪阶级的常轨。男子为青年规划体能锻炼的课程，帮他四处寻找适合的房屋中介商，替他筹募资金、招募人才，甚至还为他成立个人经纪公司，由青年担任社长。男子在青年身上付出的心力，已超过一个杂志总编的工作责任范围，要是传到公司上级耳里，一定会被革职。此外，纵使这名青年已沉寂数年之久，男子仍在《角川月刊》杂志里，以他为主角，制作成全方位特刊。那时候《角川月刊》杂志的全方位特刊选定的报道人物，全都是正处于事业巅峰，在各自专业领域中，非常活跃的艺术家。然而在男子的强力主导下，当期的全方位特刊不仅以"尾崎丰为何不告而别"为标题，还将青年当作特刊的封面人物，制作成大特辑。在男子看来，这次若无法让青年在文艺圈掀起高潮的话，今后也别想替他出专辑了。

"结果那本超级特刊啊，是我担任总编辑七年半以来，退书率最低的一本。我们印的九万本特刊，几乎全部销售一空。因为瑕疵而退回来的只约占全部特刊的 3% ~ 4%。制作那本特刊的同时，我也开始连载他的小说《落日大街》，而刊登连载小说的同时，我偶尔会刊登他的短篇小说、个人专访或他的照片，总之就是只要能刊登的，都在杂志版面上，给他留个位置，胡搞一通。后来，我也开始连载他的《白纸漫舞》，内容包括他写的歌词和他拍的照片。他常投宿的希尔顿饭店离我家很近，开车只要五分钟，所以他天天都会来我家。就这样，我们两个展开每天几乎形影不离的共同生活。"

这段时间，精神状态不稳定的青年，又开始经常对人怀抱敌意。这并不是因为他创作的曲子尚未将他的事业再度带上顶峰。他只要精神错乱，就会经常惹是生非。他会因为对方一个小动作就无法再相信这个人，或是某人在言词上稍微不合他的意，他就想豁出去跟对方打架。大大小小的冲突层出不穷，让男子也开始觉得吃不消。但是……

"但是，他的创作都非常精彩动人，所以我曾经想过，无论再怎么痛苦，我都要与尾崎丰继续交手……让他情绪永远不得安宁的主要原因，在于他与音乐界的是非实在牵扯太深吧。因为他过去是音乐界的摇钱树，所以会有人让他吸毒，想借此控制他，也有人为了说服他登台表演而说谎骗他，或者千方百计要吸引他跳槽到自家的唱片公司。大家总是对他不守信用，渐渐地他开始觉得音乐圈的人只想压榨他。他认为大家都在骗他，疑心生暗鬼，让他无法相信别人，变得非常孤独。上述种种阴影，成为他到美国后精神失常的前因。我认为他在美国因为金钱纠纷而变得多疑，使他越来越依赖药物。他回到日本后被捕，服刑完毕后，即使想再重新复出，当时他的经纪公司也早已树倒猢狲散……正因为如此，我才会协助他成立新的经纪公司。"

男子和青年共同策划其复出歌坛的专辑时，将那张专辑取名为《BIRTH（诞生）》，非常符合青年当时的状况，然后他们带着这张唱片挺进当时的音乐市场。经过四年的沉潜，青年的才华就像水库崩毁时，霎时流泻而出的狂潮，在双 CD 包装的专辑中，得到完全的发挥。男子觉得，只有在灵感迸发，专注于谱曲或作词的瞬间，青年的精神才能得到救赎。

对青年而言，几乎没有任何人值得信任。就连经纪公司的工读生要去邮局寄送大批邮件时，青年也要跟着去。男子若对青年说'这种小事交给工读生不就好了吗'他就会很认真地回答道，不行，说不定那家伙会谎报邮票钱。类似的情况发生时，男子总不禁为青年接连遭逢欺骗和背叛的经历感到同情。

"尾崎的被害妄想症越来越严重，认为大家都把话说得很好听，结果却是在欺骗他。他说所有和他接触的人都在骗他。在制作《诞生》那段日子里，他的这种被害妄想日益加重。总之每天都会在录音室里胡闹，要不就是和乐手大吵。有时候还会在走出录音室的时候，突然握拳捶打自动贩卖机，让自己的拳头血迹斑斑。《诞生》就在这种情况下完成。制作过程中，我和他互相约定，这张专辑一定要夺下销售排行榜的冠军，让彼此都能借此重新振作。日本最权威的唱片销售排行榜 Oricon 发表最新结果前两三天，我和他得知《诞生》将是第一名的消息时，两人不禁相拥而泣。为了《诞生》，我可是几乎每天都把生活重心放在尾崎身上，把其他艺术家和作家都暂时搁在一边，但是那时候我觉得无所谓。后来果真如传言所说，《诞生》夺下专辑销售冠军，当时心里的感动真是笔墨无法形容。我打电话通知尾崎的时候，身体不由自主地颤抖，而电话那端的他也在颤抖，从他的呼吸声就可以听出来。我告诉他：'我在楼下的酒吧等你'。他立刻从饭店的房间搭电梯下楼来，因为从酒吧可以看见透明的厢型电梯。他一走进酒吧就哭着抱住我，我也伸手抱住他，在无言中交换彼此喜悦的心情。虽然当时真切地感觉到重生的喜悦，但是……之后不久，他开始进行《诞生》的巡回演唱会。

超过四十场的重生现场巡回演唱会，就此展开。结果尾崎突然对我提出要求：你每一场演唱会都要来陪我。不过第一次彩排结束前，我就离开会场回家，第二天早上，他便打电话来说：'见城先生，我以后可能再也无法和你共事了'。

我认为他只是在撒娇，希望我只爱护他一个人，所以就耐着性子包容他的任性。而且他当时还在替我们公司的杂志写连载小说，总不能与他冲突而断了稿源吧。那个故事都已经连载很久了，何况他毕竟是可以拿下销售冠军，很有潜力的艺人，从商业利益来考虑，现在也不能和他分道扬镳……原本对我而言，帮助他顺利摘下专辑销售冠军，证明彼此都重获新生的时候，即是我功成身退，亦是最圆满的结局，但是碰到尾崎，事情就是没办法如此发展。主办单位安排他在横滨体育场（Yokohama Arena）连办四天演唱会，然后前往大阪。我当然也跟着他去了横滨，然而因为工作的关系，我第二天就非得离开横滨不可。回到公司，我刚坐下不久，就接到尾崎打来的电话了。我一拿起话筒，他劈头便说：'你为什么回去了呢?'还说：'在没有得到见城先生全心全意、呵护备至的关爱之前，我的《落日大街》连载必须暂停，我不写啦!'那个连载故事只剩最后一回即告结束，他竟然说不写了。他说：'我就是要用最后一回要挟'。话一说完，就喀嚓一声挂断电话了。最后，连载终究戛然而止⋯⋯这类的事情层出不穷。即便是演唱会之后，庆功宴的时候也一样，他不是敲毁店里的吉他，就是乱摔椅子，同行的乐手最后也受不了，大家都希望可以早点回家。上述种种显示出尾崎正在走向毁灭。在那样的精神状态下，他开始制作复出后第二张专辑《放热的证明》⋯⋯尾崎丰这个人，若决定要与某个人交手，就会用非常任性的态度对待他，狂妄任性到了极点。不过对初次见面的人，他可以把身段放得很低，简直像是在演戏。他会说：'啊，您好您好，敝姓尾崎，非常感谢您来采访。'然后开始接受访问。接着，谈话之间，他若觉得对方是个不可原谅的混蛋，就会当场掀桌子终止访谈。尾崎的内心经常存在两种人格，一种人格敏感而脆弱，如同翅膀受伤停在屋檐上休息微微颤抖的小鸟；而另外一种人格则异常狰狞凶恶，只要受到攻击，就会不顾一切扑上前去，狠狠教训对方。这两种人格交互出现。从另一个角度来看，翅膀受伤微微颤抖的尾崎，总是顽强地拒人于千里之外。无论是哪一种人格，都让他的心灵几乎无处安歇。不管是外在明显的粗暴行为、或内心深处的顽强抵抗，总之他就是拒人于千里之外。因为他无法相信任何人，也无法理解任何善意。制作《放热的证明》时，他故意嫌东嫌西，把从出道以来就一直和他合作的唱片制作人逼走。接着，他又因为专辑封面照片的事情，刁难与他合作多年的艺术总监，拍照时故意不脱下太阳眼镜，还表现得个流氓似的，满嘴黑话，让一切努力全部化为乌有。最后，他连我都敢顶撞。我对他的忍耐也已经到达极限，很想就此中止这趟走向地狱的苦行，他也知道我的想法，但却反而越是故意要挑衅我。他不愿意表现出'见城先生不要放弃我'的可怜模样，反而不断攻击我。因此连我忍不住对他说：'我永远不想再和你合作'，然后断然离他而去……失去我们三个的当时，他等于失去所有可以信赖的人。我们三个是他最终的防线。后来他身边的乐手总是在换人，经纪公司的副社长也纷纷求去。不久后，他母亲又突然猝逝……我们三个也不在他身边了。他那时候究竟作何感想？我觉得他必定认为，亲自演出死亡这出人生大戏，我们三个就会回到他身旁。所以他在意识模糊的情况下自杀，结果就真的死了。"

在撒手人寰前三个星期，青年还曾经打过电话给男子。清晨五点多，男子房间的电话铃声大作。男子拿起话筒。即使两人已经决裂，青年依旧能板着脸孔对男子大放厥词："见城先生，开一家唱片公司吧。这对见城先生来说，不是什么难事啊。我没办法相信现在的唱片公司。"

男子知道青年和唱片公司之间，发生很大的争执，闹得不可开交。不过男子已经下定决心，不再理会青年，因此毫不留情地对他说："你在胡说什么？事到如今，你打电话来胡说八道什么东西啊？"然后就挂断电话。三个星期后，青年就死了。这些陈年往事都已经化为过眼烟云。然而，男子的心中仍残存着些许遗憾。

懊恼着当初为何不肯对青年说："你立刻就到我家来吧。"

"我认为他知道自己活不了多久。所以他才会在情感上和行动上，表现得那么性急，仿佛要用比一般人快十倍的速度，拼命活出自己；因此他才会落到今天这步田地，仿佛总是呐喊着：原谅我的任性、原谅我的荒唐……他喝起酒来，简直不要命似的，拦也拦不住，非得喝到神志不清才肯罢休。有一次他又喝得烂醉，嚷着要去刺杀以前经纪公司的社长，当时就坐上车去找那位社长，冲到对方所在的酒吧门口瞬间，手上还握着小刀的他，竟然就这么晕了过去。其实，他会突然就变得胆怯，是个胆小鬼啊。我从来没见过这么神经质的家伙！因此尾崎周遭的人，当然或多或少会跟着他发疯吧。假如自己不跟着一起疯狂，是没办法和他相处的。那名和尾崎闹翻了的唱片制作人曾经告诉我：'见城先生，这件事情虽然令人悲伤，但我总觉得松了一口气啊。'这是他通知我尾崎死讯后的第一句话。然而，你绝对不能责怪他，因为一路走来我们始终不断拼命地为尾崎竭尽心力，而那句话可是我们最真实的感受啊。尾崎才二十几岁，竟然对我说：'你可别把我当安全牌喔，我要随时引发见城先生的不安。'他对我的挑衅，那个时候让我非常非常痛苦，总想拔腿就跑，一走了之，但回想起来，他的所作所为，其实对我是很好的考验。我认为那些考验成就了现在的我。他经常要求大家表现对他的忠诚，就是你只能爱他一个。他时常要考验你：你是不是只爱尾崎丰呀？对此真的很痛苦。他的一言一行、一举一动，总让我倏然感到不安，什么事也做不成。因为他摆在你眼前的忠诚考验，总是一个让你左右为难的抉择。就算他的出发点很单纯，就是希望你只爱他一个，最后还是会牵扯到你整个人生。虽说他的出发点很单纯，但最后都演变为各式各样的忠诚度测试。而他加诸于周遭人身上的测试，都是足以一针见血穿透内在本质的人生考验。我在他身边的日子里学到的教训是，自己必须先流血流汗，经历无数挫折，工作才能顺利进展。这个教训对我而言，可谓是刻骨铭心。而且我也深刻体悟到，与相信自己有才华的人同行，若想修成正果，一路上的苦难是多么令人感到生不如死。尾崎那家伙就是这副德性，若是我有一点闪失，他就会让我粉身碎骨。"

六

对青年来说，只要活在世上一天，就无法得到救赎。而男子和青年的支持者们，也面临同样的问题。青年的人生反映着支持者们内心深处对生命困惑的呐喊。所以即使在青年死后，其专辑依旧持续畅销。大家继续购买他的专辑或他写的书，并不只是被那些诗词和歌曲的表象吸引。那么新世代的年轻人为何愿意继续购买青年的作品呢？一个就连死后都有各种麻烦缠身的青年，他的创作究竟何以聚集人气？男子确信，那是因为"任何人都必定会在生命的某个阶段，亲身感受到自己的无可救药"。"所以尾崎永垂不朽。只要人的生命能在世代交替中不断延续，尾崎就永垂不朽"。对男子而言，虽然尾崎把他当陀螺似的耍得团团转，但是"尾崎丰"这个名号，却使他在事业上得到出乎意外的报酬。《角川月刊》最后一期实际销售十五万本，而如此销售佳绩，显然是来自尾崎丰个人魅力的推波助澜。《有人在按喇叭》、《普通的爱》、《白纸漫舞》、《落日大街》和《入世天使的安魂曲》这五本书的单行本全都销售超过三十万本。而他的写真集《冻月》销售量也意外地刷新记录。尽管男子觉得他与青年的相处辛苦备至，却得到比销售数字更具价值的收获。

"当自己还是无名小卒，缺乏经验也没有丰功伟绩的时候，工作再怎么辛苦都得咬牙完成；然而随着年岁渐长，加上一路升迁，地位越来越高，累积许多经验，也缔造许多销售佳绩之后，就会逐渐建立起自己的名声；无论是帮某个创作者拿到某某奖项，或是负责企划的作品销售拿下冠军，很快即能在业界广为人知，事实上我不必再忙得团团转照样能有所表现……因为四方奔走到处碰壁，毕竟令人苦不堪言。但讽刺的是，人一旦安逸惯了，就会渐渐地走向颓废。我那时候大约三十六七岁，所以沾染不少恶习，好比身上沾满污垢、垃圾和油渍，自己却还自鸣得意呢。我觉得正因为尾崎把我耍得团团转，才让我有机会把那些脏东西全部甩掉。而那正是促使我离开角川出版社，成立幻冬舍的起点。"

失去见城彻这把保护伞后，青年像个孩子似的，一边撒娇磨人，一边航向死海。而身处尾崎丰这场暴雨中，一直咬牙忍耐的男子，虽因失去尾崎丰而怅然若失，却能很快卸下心中的包袱，航向新的旅程。

顺便一提，倘若尾崎丰还活着的话，世界会如何改变的种种推测，在这里全都不成立。

七

即使是纯粹的爱情，也需要片刻喘息，以及应对进退的手腕。但是有些人就是片刻不得安闲，拼了命地向朋友索求情谊，有时候直接要求你关爱他，有时候故意说些热切而激进的反话，最后不惜用生命来吸引朋友的注意。

"我活着所以我痛苦。帮我想想办法解决这生命的残酷和无奈啊"——为上述念头的所苦不断挣扎，用尽浑身力气呐喊的人，就是尾崎丰。他还会说："只要你活着一天，我的问题就是你的问题。你逃不掉的。你得跟我一起受苦。"在这个世界上，几乎与他有关联的人都得承受他的烦恼和沉重负担。我也因为他的诘问而痛苦不堪，几至崩溃的边缘，甚至好几次考虑自杀。当这个不断折磨我的尾崎丰撒手人寰，与我天人永隔之时，我终于松了一口气。然而，这并不代表他让我感到愤怒或怨恨。我只是因为不必再面对突如其来的刁难，所以才感到如释重负。我认为他在人生中面临的折难都属于本质性的问题；在他的遗物当中，其家属把他生前最常用的那条范思哲（Versace）彩虹色领带赠予我，至今我总是把它带在身边。

他虽是个摇滚乐手，但他的乐曲中善用日式的和弦，不时流泻出日本风情的诗意与琴韵。他的父亲曾是个制作洞箫的工匠，或许尾崎的音乐多少受到他父亲的影响。此外，尾崎总是敏锐地感受到"时间的秘密"，因此得以掌握风花雪月和各种故事的感性核心，是一个不可多得的人才。虽然他年纪轻轻，但他创作的歌词，却洋溢着岁月沧桑的流转变化，仿佛只有人生历练丰富的长者才能体会的感触。

他生前最后一次打电话给我，是在他过世三周前的某天凌晨，当时我们的关系处于决裂状态，因此我不想理会他，但即使如此，我至今仍然爱他。

　　只要听到他的歌，我就会没来由地热泪盈眶，因为太过于伤感，我到现在都不敢播放他的 CD，尤其是我和他一起制作的《诞生》……或许要过两三年，我才能以平静的心情聆听他的音乐。然而，要能打心底愉快地听他的歌，恐怕得等我退休之时，或者等我再度沦为一个腐败的编辑吧？但是他的歌声会原谅那样的我吗？还是会批判我呢？到时候他频繁出入我家的那两年痛苦的往事，必定又会继续纠缠着我不放。

　　听到他的死讯时，或多或少觉得那是意料中事。我忍不住猜想，他是否为了叫当时已放弃他的三个人，包括我、唱片制作人须藤，和艺术总监田岛回到他身边，所以故意死给我们看？不过，我还是认为在那个关键的夜晚，意识模糊的他，其实还不打算就这么撒手人寰。但是最后他还是死了，因为他那一阵子每天都胡搞瞎搞，到处撒野。例如在精神错乱的情况下，冲上汽车的引擎盖，或是殴打自动贩卖机，打到自己满手血迹斑斑，他不断重复这些荒唐的行径，只是那天刚好就死了。虽然看起来像是自杀，但其实是寿限已到。

　　他总是承受着比平常人更多的悲伤，因此消耗生命的速度来得特别快，所以应该活不到三十岁出头。

　　托他的福，我发现自己生命中的累赘。人总觉得维持现状最轻松省事，但相反有时候若不冒险前行，就无法到达理想的彼岸。诡异的是，他向我展现这种生命方式后，却乍然骤逝了。正如兰波在《告别》一诗中所述——"我们的船在凝滞的雾中飞腾着，驶向苦难之港"——无论是从事创作或面对严峻的生存问题，都该驶向苦难之港。如果这船目的只是在寻找黄金宝藏，仅只在航行中途轻微触礁就会掉头折返吧。是啊，只有决心驶向苦难之港，方能毅然启程航行。

　　教我领悟这个道理的，就是尾崎丰。他赌上自己的性命，再次逼着我反观自省，于是我这个已腐化的编辑和六个志同道合的伙伴，同时离开角川书店，开始朝着幻冬舍冒险前进。

第二章

编辑症候群

好色卷裙男

　　我从小就是个有严重自卑感的小孩。直白地说，那时我总觉得自己是全世界最其貌不扬的。我的体格也非常娇小，一直到中学二年级，我都还是坐在教室最前面第二排到第三排的位置。我当时体弱多病，个性又阴郁孤僻，在班上总是受同学欺负。

　　我可没有夸张喔，那时我几乎每天都受到各种羞辱。小学五六年级的时候，我还被冠上很难听的绰号，叫做"好色卷裙男"。好色一词大概就是那时候开始流行的吧，不过对一个少年来说，那算得上是奇耻大辱吧。为什么是卷裙呢？说来很无聊，有一次我和某个女同学擦身而过时，我的手指甲不巧勾到她的裙子，她的裙子就这样被我卷掀起来，因此他们把我取名为"好色卷裙男"。

　　小孩子总是爱借题发挥。而且他们完全不会手下留情，所以我一旦被盯上，就会变成大家集中火力的攻击目标。我完全没有反击或脱逃的能力。加上我的学业成绩很差，小学五六年级的时候，甲乙丙丁戊五个等级的评量，我永远都是得丁。当时，别说要表达自己的心情，这根本就是自我意识过强，总觉得趴在走廊上的同学们仿佛全都在嘲笑我似的，为此我连下课时间也忍着不去上厕所。

　　上了中学，情况多少有些改善，但这回我的绰号改叫"章鱼"，同样让我苦不堪言。初中生物课教到软体动物那一章的时候，同学们便围在我身旁嘲笑，问我是"章鱼"还是"乌贼"。那些调皮挖苦的戏谑话给我很大的精神创伤，至今我还没有走出那个阴影。直到现在，不管是章鱼还是乌贼，我光是看到就觉得讨厌。去寿司店或意大利餐厅的时候也是，我绝对不吃章鱼和乌贼。

我连怎么跟朋友互动都不知道，但心里却有喜欢的女孩子。我时常认为对方不可能喜欢我这种男生，因而整天闷闷不乐，看到对方举手投足的时候，便开始胡思乱想她必定不喜欢我。

概括地说，人只能凭借自己的情绪猜测别人的想法。因为我总是用自己的负面情绪理解别人的想法，因此我越来越懂得人的负面心理。从这个角度来说，我确实非常早熟。因为那时候我就可以大概猜出对方的想法，例如"说出这种话必定会伤到对方"或者"假如我用这种态度与对方接触，他应该会很高兴吧"。从负面的精神层次来看，与周遭的小孩相较之下，我的精神年龄肯定比他们高出许多吧。

可能是我小时候即经历过许多"负面情绪"，因而格外洞析人性的黑暗面，而且只会从负面思考。我真是个惹人讨厌的家伙！那时候我累积着许多阴郁情绪，几乎快到达临界点，若有个什么偶发事件，随时都会像火山般轰然喷发出来。由此可见，其实我这种极端的负面性格从少年时代起即已经养成。

我高中念的是清水南高。

我那个年代，学年成绩名列第一、第二名的同学，多半到静高（静冈高中）越区就读，第三名到第四十名则去念清水东高。另外，希望到大学就读，却不怎么用功念书的家伙，就会念清水南高。现在的情况已经不同，但当时确实如此。我直到上中学都不爱念书，因此不可能去念静高或清水东高。话说回来，从结果来看，我很庆幸当时就读清水南高。在环山面海，仿佛青春舞台般的环境中，我那阴郁而别扭的性格，顿时往极端的反方向摆荡而去，让我宛如脱胎换骨似的。

在那之前，我自始至终要不是被当成小丑，就是过着察言观色的日子，但进了清水南高之后，我开始懂得用知识或各种歪理为武器，对抗以老师和学校为代表的教育体制。不过我并未沦为不良少年，反而跃升为校内的风云人物。

我那时候在全年级学生的排名中，很少掉到十名以外，经常拿到第一名。小学六年和中学三年合计九年遭压抑的自我开始全面反扑。此外，我的自卑感也在此时达到顶点，当时情绪摆荡的幅度，实在是非比寻常。我每天都感受着戏剧性的精神震荡。我心想，既然我在成绩上已经有所表现，倘若我能追上清水南高的校花，当我女朋友的话，同学们必定会更加肯定我吧。这是很无聊的自我膨胀吧？结果，毕业那天，这个梦想竟然实现。虽然我与她交往的动机是出自贪色，但她却是第一个闯进我生命的人。后来我们交往了四年之久。

高中的时候，我们学校着重橄榄球运动，所以我们经常打橄榄球。我跑得不快，运动神经也很迟钝，但是我很向往肉体与肉体冲撞的橄榄球运动，也很想成为胸膛厚实、肩膀宽阔的壮男。现在我上半身还算结实有型，多半归功于高中即开始打橄榄球的关系。那时我很想练就强壮的体格，一次擒抱即可成功阻挡对手。我的父母体格都不算壮硕，但我希望借着努力来突破自己体格的局限。大学毕业，踏入社会后，我依旧努力实现当时的愿望，经常在健身房拼命锻炼肌肉，曾经练到胸围突破一百厘米。

我一直到初中都经常被同学欺负，只有书本能拯救我。沉浸在书中的世界里，我的灵魂才能得到救赎和解放。若读书也无法疗伤止痛，真的会让人想走上绝路吧。要是我的生命中没有书，我一定不可能活到现在。

我大学时代也曾经写过一些小说。那时候，我已经读遍五木宽之、石原慎太郎、大江健三郎的所有作品，也很热衷高桥和巳与吉本隆明两人的作品。或许那时候比较清闲，只要有空就会拿稿纸来"写写看"，还写了不少我自认还不错的作品，但是当时写的稿子，后来全都没有留下来。

引　领

一

　　高中二年级的暑假，我一口气读完《做人的条件》这套小说，几乎到了废寝忘食的地步，全身都被汗水湿透。

　　那时我只是个生活在乡下港边小镇少不更事的男高中生，每天除了与球友在球场追逐橄榄球之外，就是为了没有结果的初恋感到闷闷不乐，而这本书却提出许多深刻而严竣的质问。"何谓国家？何谓个人？你究竟如何生存？"——这些话犹如在我的内心深处投下震撼弹。

　　"你这家伙究竟在干什么？你这辈子就这么不长进吗？"这个严厉的声音在我的脑中不断回荡着。

　　书中主角梶，虽然自知自己的软弱，却也为活出做人的尊严奋战不懈。在战争的浪潮中，他没有向命运低头，顺从自己的良心，勇敢地跨出第一步，接下严酷不仁道的任务。尽管如此，他还是活在永无止境的自责中。

　　"目的地就在眼前。我一路上辛苦走来，但是苦难的历程终于要结束啦。今夜我就能看见你，听见你的声音，可以抚摸你，想念你。今晚我把所有失去的东西统统要回来！"

　　这段独白如同祈祷般凄美动人。男主角梶意识模糊地对着妻子（美千子）这样呢喃着，然后倒在异国积雪的旷野中逐渐走向死亡。

相较于梶的生命轨迹，我的人生显得多么安逸而浅薄啊！

我在这本书的最后注记"S42/8/23 读毕"（译注：即昭和42 年 8 月 23 日）。倘若有所谓人生中难忘的一天，那么读完这本书那个难以忘怀的日子，就是我生命里最难忘的一天。一个星期后，我买下了《马克思恩格斯全集》。

新学期就要开始。

大学校园里的学运纷扰已经揭开序幕。

令人郁闷的派系斗争的季节又将来临。

二

环山面海的静冈县清水市（现在并入静冈市）。小学的时候，我住在父亲的公司宿舍。那栋宿舍是钢筋水泥的三层楼建筑，一栋住十八个家庭，从 A 栋到 E 栋，形成一个住宅区。我家住在 A 栋最右边入口处的一楼，大岛几雄的家住在三楼。

几雄大我一岁，他是从总公司所在地的东京搬过来的，简单地说，他打扮时髦，全身散发着与清水少年们截然不同的都会气息。我很崇拜几雄，总是黏着他到处跑。他功课很好，又拥有我从来没看过的乐器、科学图鉴、文学全集和画册等新奇的东西，他也教会我很多新鲜事。

我放学回家后，便立刻去几雄的家，呆到晚餐时间才回家，几乎成了我当时每天的例行公事。几雄设计的游戏或竞赛每天都充满新的创意，怎么玩也玩不腻。只要听几雄说话，我就觉得无比幸福。

然而，我们两个的亲密友谊只持续到我小学毕业。我上中学的时候，我们家搬到新盖好的宿舍去，我也开始热衷阅读各种书籍。而几雄则开始认真地学习吹长笛，我和他几乎没有机会再见面。

那之后又过了很多年，我们各自过着自己的人生。后来几雄成为代表日本的男中音歌手，相隔四十年，我们终于在这个音乐会场相见，我们在东京重逢，寄情歌剧《波希米亚人（*La Bohème*）》，只是一个在台上表演，一个坐在观众席欣赏。

我深切地觉得倘若小学时不曾与他共同度过那段黄金岁月，就不会有现在的自己。

舞台的布幕缓缓上升，歌剧开演，几雄上场的时候，我在想些什么呢?

令人怀念的兄长啊！我拼死拼活也终于活到这把年纪。你不在我身边的这四十年，我始终留意着你的消息呢，同时也不断回味着那段幸福的童年时光。

三

我年轻时买下八卷本的《海明威全集》，反复精读了好几次。直到现在，我仍把收录在全集中第一卷短篇小说集书名"胜者无所得"当成座右铭。那部小说的题词发人深省。

"与其他任何争执和战斗不同，胜利者就是一无所获——不仅不给予胜利者宽适和喜悦、也不赋予荣耀、甚至在赢得胜利的同时，也不要让他得到任何回报。"

这段话对于年轻时正打算努力为生活奋斗的我而言，是个非常强烈的讯息。至今我还是将"胜者无所得"这句名言贴在办公桌的日光灯上，家中书房的书桌上，每次有机会就反复读它。海明威说"胜者无所得"时，并非只讲单纯的胜败，而是泛指每个人都应该超越自己的界限，当你尽全力争取到胜利时，其他就不那么重要了。这句话多么强而有力啊！

去年，奥利佛·斯通（Oliver Stone）拍摄的电影《决战星期天》，在最开头的时候，安排了一段某个杰出美国橄榄球球员的独白。我记得他确实是这么说的：

"对男人来说，所谓生命最精彩的时刻，就是用尽全力在比赛中战斗，获胜后却无法站起来精疲力竭地倒在地上的时候。"

这些独白结束后，立即出现橄榄球球员们以强壮肉体互相冲撞的画面，故事也就此展开，而电影最后的安排则非常强调精神层面。这部电影的布局大致是如此。事实上，这部电影当初在日本上映之前，发行公司曾拜托我帮忙写宣传的广告词。因此我曾写过这样的文案：

"这部电影以肉体的冲撞揭开序幕，却以震撼人心的感动结尾。胜者无所得。走进电影院，你将可以听到来自上帝的声音。"

我认为所谓的"胜者无所得"，就是这么一回事。实际上，海明威应该就是这么过日子的。无论是小说或是人生，在现实世界里，他就是这样过活。即使肌肉已日渐松弛衰老，他的体内仍经常保持战斗姿势，爱女人、爱旅行、也爱喝酒。我读过很多他的文章，很欣赏他的文笔。但是相较之下，我更憧憬有关他生活和人生的轨迹。例如，他的代基里酒（daiquiri）配方、一大早就喝血腥玛丽（Bloody Mary）的生活方式、他对斗牛和拳击的热情、他上战场以及勇敢面对猎物的男子汉气概、他清楚划分明与暗、感官享乐与死亡的生活态度等等，都是我所向往的。此外，我也希望透过他留下的照片和文字，去感受他的气味，因为他总是怀抱着生命的孤寂与苦闷。

海明威自杀两三个月之前，曾写信给好友霍奇纳（A. E. Hotchner）。他在信中表示，假如自己的肉体不能按照自己的意志行动，那人活着也是惘然。后来，他真的就划着小船来到安静的河口，自己以步枪开枪自尽。正如他清楚划分明和暗那样，他的生与死同样激昂壮烈。

我认为冷硬派（hardboiled）小说是由海明威首开先河的。阅读海明威的《老人与海》，即能明白其承担生命孤独的含义。光是从他与旗鱼搏斗这件事情，就可以看出其寓意的深刻。那是一种以虚无哲学支持的生存意志，同时又是其人生的全部写照。

事实上，我曾经努力锻炼出海明威所憧憬的那种体格。从二十七岁至三十七岁前后那十年当中，我几乎每天做重量训练，一个星期只休息一天，亦即所谓的健美或肌肉雕塑啦。我每天都做杠铃仰卧推举，要举起一百二十公斤的杠铃，真是非常吃力辛苦。第一天练胸肌和三头肌，第二天练背肌和二头肌，第三天练肩膀，而腹肌锻炼和蹲距运动则是每天的例行公事。除了每训练三天休息一天的循环锻炼外，还要配合饮食控制来强壮肌群。

受到海明威的影响，我总认为没有强健的体魄，就没有坚强的意志。在锻炼肌肉的时候，我仍在心中谨记着"胜者无所得"的启示。雕塑肌肉的健身训练不同于打棒球，不是只需投手投出超快的球速，即能把出色的打者三振出局，而是你必须愿意苦练，才能得到成果。一般人认为健身一定会有效果，越努力苦练，肌肉就越发达。但其实健身的效果并不是那么显而易见。我健身不是为了取悦任何人，而且锻炼肌肉这种事是永无止境的，但那十年当中，我清楚意识到，如果我无法持续健身训练，我就没有办法不断向前迈进也无法继续奋斗下去。为了继续告诉自己"胜者无所得"，我只能在健身训练中持续撑下去。在每次肌肉训练结束，我自己一个人对空挥拳练拳击时，会觉得自己还有能力继续战斗，感觉很好，再加上对自己喃喃自语"胜者无所得"的那种充实感，这些感受都是无可取代的。因为去健身前我已经濒临崩溃边缘，倘若不去健身的话，我很可能就此发疯。我觉得自己无论是精神或肉体都已经严重衰老。所以我决定要认真练足那三小时，剩下的时间才分给工作和女人。那段日子我每天就按照这种规矩过日子。然而，我在那十年间工作得最起劲，精神上所受到的激荡也最大。我现在好像是靠着那十年所累积的能量在过活呀（笑）。

　　对我来说，活着是空虚、无奈、苦闷，非常痛苦的事情，同时活着似乎又伴随恐惧和不安……为了排除这些惶惑的侵扰，每个人才会恋爱、投身工作、沉迷于宗教或对家人付出关爱，但终究还是得独自走向死亡。而我的情况是，反复提醒自己谨记"胜者无所得"，这就是支持我活下去的最佳精神食粮，也是我用以掩饰恐惧的方法。工作并不能完全填补空虚。无论工作如何顺遂，或者如何打拼奋斗，最后都将以徒劳收场。海明威的人生就是如此。

我认为我最后会自杀。虽然不知道何时会采取行动，但我真的认为我会自杀。因此我非常想知道海明威自杀时的心情。为什么要用步枪呢？为什么要用脚趾扣扳机呢……难道他认为用那种方式结束人生最为壮烈吗？

我胆怯无为，所以很怕死啊。没有任何事物可以消弭这种不安。当我和非常漂亮的女人做爱，或者在事业上得到某种程度的成就时，我可以暂时忘记那些不安，但是那些片刻愉悦消退后，我又重回日常生活里的茫然与不安。一回过神来，我已从十八岁变成二十五岁，再从三十岁变成四十岁，转眼间，我就迈入五十岁大关。这么一来，我难免会想自己大概只能再活个二十年。如果有人问我你能活到那时候吗？坦白说，我没有把握。海明威至少是用符合他自己个性的方式结束生命，这对我来说非常重要。这里讨论的，不是自杀的正当性或者自杀给人的社会观感之类的问题。海明威说"胜者无所得"，然后又自己闭上生命的帷幕，他这行为本身的意涵对我极为重要。

海明威小说的主题全都和"死亡"有关。他年纪渐大，肌肉越来越松弛，老人斑和皱纹和白发也越来越多。他日渐成熟的男人魅力多么吸引着我们，但是他并不这么觉得。他发现自己挥拳速度越来越慢，捉到猎物时也常会乱了阵脚。为了掩饰自己对老化的恐惧，他一直不断写小说，甚至前往战场，并且热衷于斗牛，想借此证明自己仍是个强悍的男人。然而，眼看自己即将年届花甲，他再也无法掩饰自己的恐惧。于是他极端地嫌恶自己，对死亡终究来临有所觉悟。每个人在年老体衰的时候，难免会有这种微妙的感触。不过，三岛由纪夫在看到自己的老态之前，就已经离开人世。

引
领

115

正因为我很怯懦，所以我无法忍受平淡的人生。因此有时就算失败可能把公司搞垮，我也必须放手一搏，否则我无法掩饰自己的空虚和胆怯。倘若有人说我以往实行的所有出版策略都很正确，但该是回归正常守势的经营者为好的时候，我仍旧会坚持向来的作风不受影响。

走到那个局面的时候，恐怕只有更换经营者才能解决问题吧。

披头士迷

　　就读高中那年初夏，英国的摇滚团体披头士决定来访日本。学校走廊上，洒满六月柔和的阳光，有一个高个子、略显男孩子气的女同学对我说："见城同学，披头士要来日本，你会去东京听他们的演唱会吗？"当时的情景，至今仍像播放电影般影像鲜明地在我脑海里重现。

　　那女孩略带栗色的短发，随着由窗外吹进来的微风飘动，又黑又大的双眸明亮动人。灰色制服裙子下延伸出她修长而白皙的双腿，令人目眩神迷。

　　我当时非常喜欢披头士，或者应该说，我那时候觉得没有披头士生命便没有意义，对他们的喜爱简直像着魔似的。他们的唱片我全部都有，描写他们四个人的传记，我也几乎可以倒背如流，他们的歌词我全都自己翻译成日文。只要在报章杂志上，看到有关他们的报道，我就会放进我的档案夹里，而且我也与东京的披头士俱乐部保持联络。

　　进高中两个月后，全班同学都知道我是个披头士迷，那女孩之所以会和我有那段对话，一定也是因为这个缘故。而她就是直到毕业前我暗恋的对象，那次亦是我们最初的对话。

　　我在高中时代，暗恋一个女同学长达两年半。我们学校环山面海，阳光灿烂，宛如青春的舞台，她的举手投足都让我感到欢喜，不过有时候，我也因为她而感到绝望放声痛哭。

重读自己高中的日记时，才惊讶地发现，我那时候几乎每天放学都到海边去。青春期时的我，多愁善感，我常坐在滨海的沙滩上，将自己心中的感伤扔向眼前宽阔的大海。那时候，与朋友无止境地争论也是在海边；因为单相思而感到苦闷，泪流满面直到日落西山，也是在海边；下定决心明天起要拼命念书，让她对我刮目相看，而像要把整个书本吃下肚的时候也是在海边。对这个女同学的爱恋，让我体验到人的各种感情，也燃起我的斗志，想要挑战所有事物，无论做什么都希望可以获胜。我可以斩钉截铁地说，在我的人生里，除了高中那三年，从来没有像这个时期令我如此丰饶而甜蜜的回忆了。事后回想起来，有时连自己都觉得难以置信，人为了心中的挚爱，竟然可以付出如此巨大的热情。对我而言，那种热情全集中在高中时代，那时候虽然受到各种规则束缚，比如为考试和念书疲于奔命，不，正因为受到那样的压抑，我才拥有拼命战斗的目标。直到今天，在我的生命中，依旧存在那种格斗性格。

人只要愿意为自己的目标付出全部精力，即使当下看不到任何成果，你付出的努力总会结实累累。就连和披头士单相思这种在当时看来没有意义的目标，后来也使我的人生加分不少。全心全意拼命付出的努力绝不会白费。我从狂烈地爱上一个人，学习到人性的复杂与幽微的心理，还懂得必须面对自我意识这个棘手的怪物，这些都是学校没有教我们的事情。现在我可以进入出版业，与日本头角峥嵘的音乐家们，在心灵上互相角力，都要归功于当初我对披头士的狂热，因为那份狂热对我后来的帮助无可计量。当然，高中的时候向图书馆借来的烂读狂阅的书籍，也有很多本后来帮助我成为出版人。清水南高的阳光、空气、清风和大海深深地影响我，甚至融入我的血液，流遍我的全身，塑造出我的基本性格。我，是清水南高孕育下的产物。

　　我几乎每天都去健身俱乐部报到，每次开始做杠铃仰卧推举时，经常想起一件事来。高中的时候，我曾经连四十公斤的杠铃都举不起来，现在却可以举起一百一十公斤的杠铃。不过我的目标是举起一百二十公斤，在达成那个目标前，我绝不会放弃。这不是没有原因的，因为高中时我无法举起四十公斤杠铃的事情，似乎很快就传进那女孩的耳里。那一天，她似乎刻意让我听见似的说："我啊，还是比较喜欢勇猛的男人。"这句话至今仍在我耳畔萦绕着。七年前，我开始做重量训练的时候，便决定将目标设定在一百二十公斤，亦即高中时无法举起的四十公斤再乘上三倍。现在我尚差十公斤。要达成这个目标可能需要好几年时间，但再怎么辛苦我都要全力完成。

　　因此高中时代的格斗至今还在持续进行着。

19 岁的模样

浜田省吾的歌声总是打动着我的心弦。尤其是《19 岁的模样》这首歌，每次都让我想起在东京读大学时，那段甜美却短暂的恋情，总叫我热泪盈眶。

比我小一岁的女友，从念中学的时候就是全校学生憧憬的对象。进入我所就读的清水南高后，她依然是我们学校的校花。我始终很仰慕她，却不敢开口和她说话。直到毕业典礼前的某一天，我才毅然决然将有生以来写下的情书交给她。我心想，若不向她表白就这么毕业的话，今后必定会徒留遗憾。原以为我的单恋可能就此结束，想不到她捎来这样的回信：

"我一直很欣赏你的才华。"

让我的单相思修成正果。毕业典礼结束后，我们两个在学校附近的三保海岸约会，那是我们的初次约会。我和仰慕许久的人，一起漫步在我充满高中三年回忆的沙滩上。抚摸着她随海风飞舞的长发，我暗自忖度，几十年之后，我仍会重返这个沙滩上。

她比我晚一年到东京来念大学。大学生活里，我们俩总是形影不离。但是我毕业开始上班后，两个人之间也开始产生隔阂。她一毕业就必须回清水的老家，而我正要在东京展开我的新人生，所以没有立刻回清水的打算。我认为再这样下去，只会让彼此不断受伤，而且我的工作将使我迈向前所未知的人生，因此我决定主动向她提分手。或许是因为我当时还年轻，性子太急，竟丢下在咖啡厅号啕大哭的她，我自己却哭着逃离现场。从那以后，我们再也没有联络。

1988 年 8 月 8 日，已经三十八岁的我，去浜名湖参加浜田省吾的户外演唱会。我在角川书店工作时，曾和浜田合作出版一本类似自传的书，标题为《向阳之处》，那本书出版之后，紧接着就是这场在浜名湖的演唱会。这场演唱会吸引数万名观众，不过没有座位，所有观众都得站着听歌。

就在两首曲目之间的空当，我正打算去上厕所的时候，竟然在会场里看见她的身影。我不知道她和谁一起来，但是站在昏暗会场中的女子，确实是她。后来她也注意到我，我们四目交会的瞬间，世界好像突然结冻。然后她倏地移开视线，转身挤进黑压压的人群中。我本来想呼唤她的名字，却没能喊出声来。尽管十五年匆匆已过，当初分手时的痛苦仍记忆犹新，于是我就这么呆立在原地。不一会儿，台上的浜田开始唱起《19 岁的模样》这首歌。

> 永远难以忘怀
>
> 至今只要闭上眼睛
>
> 依然会浮现出十九岁的模样
>
> 但是我们再也无法
>
> 拥有往日的光辉灿烂
>
> 即将要应考
>
> 却不知所措
>
> 两人一见面就觉得苦闷

总是没来由地大吵（中略）

那个女孩现在还留着长发吗

我啊已经系上领带

我似乎已经不是昨日的我……

　　我在东京"系上领带"成为月刊杂志的总编辑。她则和十五年前一模一样，"留着长发"。十九岁那年夏天，在三张榻榻米大小的简陋公寓里，我和她发生男女间的亲密关系……浜田的歌声让我回想起"往日的光辉灿烂"。

　　浜田现在还是一身白色 T 恤蓝色牛仔裤，搭配着球鞋，让我好生羡慕。人无法永远停留在十九岁。人会不断衰老，三十岁、五十岁、七十岁，最后终究难免一死。即使知道这是所有人共同的宿命，内心深处仍然希望可以重新拥有"往日的光辉灿烂"，然后怀抱希望继续活下去。然而，我们或许再也无法单纯地拥有爱上对方，没有特别的理由却每天见面，然后苦闷分手的机会了。尽管如此，我仍然希望可以重新拾回往日的光辉灿烂……

　　在演唱会场里和我四目交会时，她眼中映照出的我，究竟是什么模样？在她眼里，我是否仍拥有"往日的光辉灿烂"呢？

冒牌货的自豪

一

我原本想当电视节目的导演或制作人，所以大学时代还曾经参加传播研究社。不过我当年找工作的时候，没有任何电视台在招募新进员工，又没有人脉居中介绍，便打消这个念头，转而挑战出版界。我记得报考过好几家出版社，好像没报考讲谈社，但少说也有七家出版社吧。

结果，寄出的履历全没通过，只有纪伊国屋书店的出版部尚有希望，但初次面试结束的时候吧，我总觉得意兴阑珊，便没再参加他们的面试。后来他们打电话来说："你很优秀，我们公司很想聘请你。请来参加下一次面试。"可是我仍然没有参加面试。纪伊国屋出版部虽然曾推出一些很艰涩的书，但有人说他们部门即将缩编，编辑大概很难生存，因此我不想去。那时候我若当上纪伊国屋书店的新宿本店的店长，就可以对出版社耀武扬威呢。

只有广济堂出版社录用我，因此我就到那里工作。那家出版社专门出版实用书和入门指南的书。我在那里呆了一年半以后离职，之后又过了半年才进入角川书店。

1974 年我曾在广济堂出版社推出《公文式数学的秘密》一

书，创下销售佳绩。那是我进入广济堂出版社的第一年，负责编辑企划的第一本书。

这本书让我因缘际会地认识了高桥三千纲，之后是中上健次。

那段日子里，我们天天都在新宿的黄金街或二丁目那附近，一边喝酒一边讨论文学，还经常吵架呢。

不久，立松和平也加入我们的行列，然后是金原峰雄和其他朋友，我因此陆陆续续认识很多文学界的人。我也曾经想试着写小说，但是接触中上和三千纲等人后，我发现他们果然是非写小说不可，他们有那种不写小说就没办法得到救赎，莫名所以的特质。似乎不写小说就活不下去……这不是钱的问题，而是像得了一种疾病，不写小说即没办法对自己交代。我清楚得很，自己没有那种特质。我想既然如此，那我就当他们的触媒协助他们写作，因此我必须成为一个文艺编辑不可。

每次和他们见面，每次读他们的作品，我便越来越清楚自己没作家的才情。在他们的作品里，好像有种没有写出便无法得到救赎的精神特质。姑且不论文章的精妙或拙劣，他们的文字蕴含着深刻而强烈的渴望，毫不掩饰自己正在化脓的伤口。正因为他们无法宣泄心中的痛楚，因而才投入文学创作。我就是缺乏这些特质。我心想，既然如此，与其自己动笔写作，不如将这些无名作家的作品编辑成书来得更有意思。

那些人都非常古怪，要不抱持无可救药的某种信念，就是自觉生命有所缺憾或者感情用事，这些都比我来得强烈百倍。每次与他们见面，我都有这种感触。作家就是要把压抑已久却又不得不直抒胸臆的内在经验诉诸文字。我好像完全没有这方面异常的文学特质。

总之，无论写得多么糟糕拙劣都无所谓，有能力独创出自己的世界，发现自己的宇宙的才是不折不扣的作家。相较于那些可以从无到有创造新世界的作家，像我这种没有文学创造力的人，顶多只能算是冒牌货。我是个冒牌货。但话说回来，冒牌货也有冒牌货的自豪。因为我有能力为真正的作家编辑并企划其作品，而且当作家们痛苦绞尽脑汁从事创作的时候，又能够激发他们犹如沉睡火山般的巨大潜能。虽说我是个冒牌货，至少我有把握可以造就出真材实料的作家。我立下如此志向，进入了角川书店。

恰巧角川书店的角川春树正在进行一项企划，预计按照《魏志倭人传》中的描述，打造一艘名为"野性号"的古船，从朝鲜半岛的釜山出发一路航行到九州岛。

因此角川书店当时正在招募作家，要请一位作家与角川春树社长一起搭乘古船航海，并撰写一篇采访报道。高桥三千纲为了我接下这份工作，并向对方提出要求："我愿意登船。但可否想办法让见城升任角川的正式员工"。

于是，高桥三千纲满腹委屈地上了船，在海上航行了一个多月吧。那时候我已经辞去广济堂出版社的工作，在角川书店找到一份兼职打工的差事。我被分配到角川书店的野性号事务局，只是对方告诉我，他们不保证我有机会成为正式员工。

角川书店计划根据《魏志倭人传》里的记载，以古船横渡朝鲜海峡，而这个事务局的业务就是执行这项企划。不过可能是事务局长比较滑头，或者说很会敷衍，因而所有工作全落到我这个兼差族的头上，每天不眠不休地忙个没完。

我心想，这样的努力付出必定会在公司内传出好名声。总

冒牌货的自豪

务部长对我说"见城，你蛮拼的嘛"后来把我升任为正式员工。然而，因为那时候春树先生搭乘古船"野性号"在海上航行，电话联络不上，根本没有得到他的批准。但总务部长送出派令说社长应该会同意吧，因此我成了角川的正式员工。

春树先生终于回来以后，他问我："你想去哪个部门工作啊?"我一回答想去《野性时代》，他就这么慨然应允。那时候《野性时代》创刊后刚迈入第七期。

角川书店发行的杂志只有《野性时代》是和小说有关的杂志。那本杂志当时才发行不到一年，大约只有六个人负责。角川书店在文艺这个领域起步较晚，与讲谈社、新潮社、文艺春秋等出版社相较之下，晚了数十年。

所以现在回想起来，我有机会负责刚起步的《野性时代》，从零开始，实在很幸运。

二

那时候，很多作家都不愿意和角川书店合作，所以我告诉自己，总之我的工作就是先抓住这些人，让他们和我合作，这样才能显示出我的价值。

他们说不跟角川合作，是因为角川在文艺方面完全没有势力。透过角川出书，至少出版精装本销路不佳，出书也没有意义。不过，文库本方面，那时讲谈社文库也才刚成立，当时我们角川文库和新潮文库两家独大。

因此，当时我下定决心，必定要将那些之前和角川无缘的作家，还有角川的编辑前辈们怎么求也求不来的作家们，一个一个全部揽进角川。结果工作进展非常顺利，他们竟然慷慨地答应替我们出书。

其中一个原因是我掌握了中上健次，这一点对我帮助很大。因为当时中上健次精力旺盛，而且他在那个时代如同文学救世主，得以彻底发挥他的实力。

另外，身为一个编辑周遭有可以和自己共同发挥影响力，共同成长如同行的旅伴的作家，确实比谁都来得幸福和幸运。

当然，这也要看你是否刚好受到时代的眷顾，以我自己为例，我担任文艺编辑的时候，身边有高桥三千纲、中上健次、立松和平、金原峰雄、村上龙、宫本辉，以及三田诚广等年纪相仿的作家。他们常给我很多建议，也和我一起成长。在我之后四五年才从事编辑工作的人，没有机会像我一样，同时与这么多作家建立友谊，并且共同成长，他们多半只能靠自己横冲直撞，人脉的掌握受到限制。我认为自己颇受时代的眷顾，在我那个年代出道的新锐作家，很多已是现在的当红作家。

我常常觉得，不管在任何领域，只要有三个大师……政界、体育界、演艺圈、文坛或金融界，什么领域都一样。在你的那个领域里，一定要紧紧抓住具有关键影响力的三个大人物，并使他们眷顾你。此外，你还得掌握你认为绝对前途看好的三个新人。有三个大人物和三个前景看好的新人做你的后盾，其他的核心人物就会自动向你靠拢。

对于已经受到肯定的大师，你要付出实际行动，无所不用其极地接近他们……例如每天写信给他们。当然，前提是你要真的喜欢这些大师的作品，只要你欣赏他们，付出任何努力自然甘之如饴。另外，你还得掌握你认为表现亮眼的三个新人。

以乐坛为例，我掌握的新人包括尾崎丰、Hound Dog 和 The Blue Hearts，而大师级的人物则包括坂本龙一、松任谷由实和井上阳水。这么一来，其他的核心人物就会主动向"见城先生"靠拢。

我一开始只是去看金原峰雄的舞台剧。那时候他们还只是在早稻田的某咖啡厅里，搭个小舞台在上面表演。他们的舞台表演非常精湛，我心想原来这就是舞台剧，真有意思！我当场被他们的表演深深震撼住。当时，金原峰雄住在沼袋，我便直奔公寓找他。

这种事情现在听来有点匪夷所思，可是我那时候得到公司允许，写了一纸契约，大致内容为"此后十五年内，我只在角川书店出版社出书"，然后请金原峰雄签名。我们都不知道未来会有什么变化，就决定签下这纸合约。然而，既然签下合约，这十五年期间他就成为我的责任，总之，我非常感激金原峰雄愿意把他的命运托付给角川书店，我自当努力为他付出。因此，1981 年他以《蒲田进行曲》荣获直木奖之时，我毫不掩饰地泪流满面。

可以说我们既很鲁莽又有胆识。因为从那天开始的十五年之中，他真的只为角川书店写书，未曾替任何出版社写过书。现在回想起来，我总是为有情有义的作家全力以赴。那才是我的工作信念和行事风格。我认为能让我感到隽永又感动，又充满惊奇的东西，绝对可以引起读者的共鸣。

去见村上龙也是这样。通常我都是阅读某人的作品、看电视和看舞台剧，或者听了某人的唱片专辑，然后去见那个人；但有时候我也只凭直觉，认定对方就是丰富的矿藏，便立刻与他见面。阿龙属于后者啦。话说回来，我的预感确实很准，在阿龙的那篇处女作之后，至今我们仍在合作出书。

我觉得编辑能否得到同世代作家的青睐非常重要，有些编辑便无此机遇和缘分。换句话说，不论编辑再有才能，或如何鞠躬尽瘁，倘若无法结识同时代的作家，他们就没有机会绽放光热。我的成功多半是因为机遇和缘分。在结识了中上健次、三千纲、立松和平与金原峰雄后，立刻又出现村上龙，接着是三田诚广与宫本辉。

当然，我几乎没有私人的时间，不过我觉得那点牺牲都微不足道，相较之下，和他们见面聊天，一起构思作品的内容，我可以从中得到更多的乐趣。我们这群文艺界朋友当中，也只有我能"报公账"，因此生活拮据的朋友们每天都来集合。由我买单和他们一起吃饭喝酒，就连他们深夜坐出租车的车资都是我付的。这是我对他们的才能的投资，也是编辑的基本任务吧。虽然我不想利用角川的名号，不过我和作家们建立关系所需要的金钱，还是得由角川提供才行。现在我已身为出版社的老板，但我仍然认为编辑因为工作需要和作家吃喝聚餐，最终还是得由公司的交际费支付。

之前，每个星期我总腾出一天，对金原峰雄剧团里的年轻演员——三浦洋一、平田满和风间杜夫他们说："你们演戏需要体力，去吃点好吃的吧"。然后带他们一起去吃饭。其实与他们越来越亲近的同时，透过他们的帮助我也有机会在演艺圈里建立人脉关系。风间以电影《蒲田进行曲》一举成名后，有超过二十家的出版社想替他出书。但是他说："我向来受到见城先生诸多照顾，所以我要在角川出书。"后来，我为他出版了散

冒牌货的自豪

文集《想说真话吗》。那本书在 1984 年出版，大约销售了十五万本。

当我已经有特定的人选，我想与这个人见面，想与他合作共事，我便全力以赴完成它，但有时候机缘巧合会遇到某些人，我觉得这种机缘很奇妙。我与坂本龙一首次见面就是如此。他当初是 YMO 的一员，名气很大，当然在各大媒体也活跃。像我们角川之前与他没有任何来往，即使想与他合作，他也不可能把我们的委托纳进他繁忙的行程表当中。说来巧合，向来我只能观看着他杰出的表现，有天我竟然在酒吧里与他巧遇。

当时，音乐家出书大概只有矢泽永吉的《一步登天》（小学馆/1978 年），而我在角川则是首度出版这类书籍的文库本。1983 年是由实的《口红留言》、1985 年是尾崎丰的《有人在按喇叭》、1986 年是 Hound dog 的《败犬》。

我始终抱持能以自己的魅力说服那些说"不和角川合作"或者"我和你不熟"的人，才能显示出我的价值，让不可能的任务变成可能，才算是真正的工作。我经常对年轻的编辑说要对一帆风顺的工作存疑，没有任何阻碍，一切顺遂的工作，任何人都可以轻易上手。我想说的是，不要因为自己可以完成那种简单的工作，便感到自得意满。

有天晚上，我搭出租车的时候，从收音机流泻而出的旋律和歌词，让我觉得感动不已。我当下就认定"我想跟这个人合作"。之后，我当然跑遍松任谷由实的演唱会，也曾到演员休息室找她，总之想尽各种办法接近她。我希望与由实合作出书，我想为她出版散文集。

不管是坂本的音乐或是由实的音乐，都让我非常感动，当时只要我想与对方合作，不久后就真的得以实现。如果不只是单纯当他们的歌迷，而是有企图心的编辑，即使在某地与他们不期而遇时，还必须有能力出言激发出他们的潜能才行。简单讲，编辑是否有能力让艺术创作者认为"这个编辑应该能协助我创造出精彩的作品"，才是关键所在。

我认为很多编辑都有机会接近他们心仪的作家。但若只是单纯的见面意义不大。重要的是，你这个人或者你的想法是否能引起对方的兴趣。编辑若无法说动对方的话，见面的好运道终究只是擦身而过。

三

任何作品的产生，背后都有很多辛酸的故事。比如，我对《有人在按喇叭》这本书有特别的感触。现在像这本书的风格已经非常普遍，但当时应该还没有像《有人在按喇叭》那样大量使用英文字和照片的书吧。那时候我非常希望颠覆"单行本"的概念，而尾崎丰是我实现这个理想的最佳人选。现今把那本书拿在手上，我还是觉得很酷。那本书销售了三十万本。当时，我答应尾崎丰"在他二十岁生日之前出版这本书"，幸好最后赶在他生日前一个月上市，总算实现对他的承诺。

这本书的版权页上写着"I'm sorry to have kept you waiting so long"，是因为该书比原先预告的日期晚将近一年上市，尾崎要求必须向读者道歉，才会把那句话放进版权页里。书中的图案全自出尾崎的手笔，我觉得那本书可以让读者感受到尾崎丰这个人的苦闷特质。

《Harvester》的读者们，你们认识这个"前所未有"的艺术家吗？我当时半年时间为他全心付出，也被他深深吸引，每天都感动得颤抖不已。

我正努力让日本的乐坛经历"前所未有"的感受。

我的男主角就是尾崎丰这个十九岁的少年。如果没听过他的曲子，或没去过他的演唱会的话，就无法了解这个人。不，应该说这个人根本令人捉摸不透。

然而，我还是希望尾崎丰这个前所未有的"存在"放进书里。虽然尾崎持续不断地改变，而且改变速度惊人。换句话说，书中的尾崎是他人生中一个微不足道的过程，但即使如此，我依旧强烈希望可以透过印刷媒体表现出这个过程。因此我希望为冲撞现有价值判断的尾崎量身定书，亦即制作一本既与他的生存方式相称，又跳脱一般书籍框架的书。假如我的灵魂是底片，我希望把这个少年当下用自己的歌声和躯体拼命追赶着的不幸，全都烧附在我的灵魂上，把它冲印出最精彩的相片，变成可以销售的商品。最后，我也希望自己有所改变。我对无法让自己脱胎换骨的事物，完全提不起兴趣，因为少了它我便无法继续披荆斩棘。

10 月 21 日，我和这个少年共同制作的书上市了。

《有人在按喇叭》这本书上市后，两个星期销售超过十万本。

在《有人在按喇叭》上市前几天，我被调到《角川月刊》杂志担任总编辑。

从这个角度来看，《有人在按喇叭》可说是为我短暂的图书编辑生活划下最后的句点。

这本书为了突显尾崎丰所采用的表现手法，是我在与尾崎丰相处的过程中，自然而然涌现的灵感。而且如果无法想像这本书完成的样貌，事情就无法往下进行。制作尾崎丰的书时，我乍然想到的书名是"有人在按喇叭——Somebody Beeps a Klaxon"。这是尾崎在"东海广播"的个人广播节目名称，我试图将书名与这个节目联结。总之，我整个心思全想着封面应该如何设计，要采取哪种宣传手法，用什么样的文案打广告等等。

若不能这样全面型塑出这本书的形象，就没办法创造出符合自己想法的书。这就像打高尔夫球和棒球一样，能在脑海中想像自己击出好球的画面，才能以最佳击球点快速击出好球。编书的情况亦然。从装帧到书腰、文案以及如何在杂志上宣传，全都有个轮廓出来的时候，一本书的制作才真正展开，也才有机会热销。《有人在按喇叭》完成的时候，和我原本预期的样貌分毫无差。这本书出版的时候，听说吉冈秀隆（译注：在著名连续剧《北国之恋》中饰演小纯）就买了二十本呢。他说十本自己留着，另外十本送给好朋友们。听到这件事情，真令人开心啊。

后来，尾崎丰去了美国，接着又因为在日本持有毒品被逮捕，发生了很多事情，不过我们两个的命运，因为巧遇又再度联结起来。尾崎复出的时候，所有事情都是我为他打理，包括帮他成立经纪公司 ISOTOPE，以及替他募集资金和招募人才。结果，尾崎这辈子的五本书都是由我编辑出版，每本的销售量都超过三十万本。

艺术家常拥有一颗"饥渴的心灵"，渴望被人温柔地赞美，或期待有人了解自己内心深处的疯狂，而我的言语总能精准地触动他们的心弦，才能造就这么多动人的书吧。

但我就是依仗着小聪明（笑）。不懂得小聪明当不成编辑。编辑的能耐就是触发创作者将他们没有意识到的才华或情绪，以及各种内心的纠葛诉诸成文字。即使他们有心理创伤，也要叫他们写出来。

我们编辑做的是诡异的行当，亦即将人的精神活动转化为商品。正因为如此，若不能为此赌上全部生命，并将这种热情化为语言，传达到创作者的心里，便是不称职的编辑。我们长期背负着这样的压力，确实感到心神俱疲。

我挺身肉搏的对象形形色色，有艺术家、作家和演员。

我早已下定决心要当日本第一的冒牌货，发誓要与几百个货真价实的创作者为对象，争取作为一个冒牌货的光荣。尽管我对自己的卑劣和小聪明深感厌恶，为此咬牙切齿，但是对身为编辑的我而言，这种工作很有意思。

在黑暗中跃进

极端地说，只要作品能令我感动，只要愿意写出来，即使对方是变态狂或杀人犯，我也愿意听从他们摆布。相反的，若作品无法撼动我的心，就算再怎么爽朗和善的家伙，我也没办法和他交往。编辑终极的生命意义，就是将自己感动的东西介绍给世人，为此鞠躬尽瘁死而后已。

只要能为世人推出新书，再怎么辛苦都值得。因为我觉得这是消除自身生命孤寂的最佳方法。话说回来，当你完成目标的同时，就必须往下个目标奋进。空虚如同波平又起的海浪，不断地向我袭来永不止息。

尽管工作起来干劲十足，但每完成重大的工作，还是不足于消除心中的孤寂。

每个人最终都得走上死亡，在这一点上人人平等。死亡的孤寂令人无法忍受。我终将会死矣。念小学的时候，想到自己会死，竟然忍不住哭到天亮。这种的恐惧直到今天仍没消散。我认为只有工作和谈恋爱，才能彻底摆脱这种恐惧和孤独寂寞。

工作和恋爱，缺一不可。

谈恋爱尤其重要。工作遭到失败，或许再投入热情还能补救回来。然而，恋爱就没有那么简单，它必须诚实地面对自己，在意别人的目光，更不希望被心仪的对方抛弃。

当然，在现实生活中我都是努力工作的，但至少在工作完成后，我希望有个女人对我说："见城先生，你好帅，干得好啊。"否则工作表现再好，还是会觉得寂寞（笑）。

但有时候即使工作已经完成，依旧无法摆脱寂寞呀。但为了出书，还是得亲近创作者，偶尔还得付出关爱解决他们的麻烦。这么辛苦，无时无刻都想"干脆辞职"吧。

问题是工作已经开始进行，当我想到自己的责任重大，便会打消逃跑的念头。当然，我正是因为喜欢某位作家或艺术家才投入工作，因此再怎么辛苦，也会继续奋斗下去。我总是期盼着能得到巨大的丰收。通常，合作过程让我很轻松的创作者，最后收获的果实都不怎么样，而会让我大丰收的，反而是那些看起来异于常人的创作者（笑）。

在工作进行中，即使情况再怎么严酷，如果不能想像结实累累，甜美多汁的果实的话，很可能就半途而废。其实，我也有过半途而废的经验。但基本上，我总是想像丰收的情景努力下去。

二十几岁的时候，我不太会处理人际关系，整天憋着闷气，总要在市郊的酒馆里发泄情绪。对当时的我而言，平均每光顾新宿的黄金街酒店四五次，就有一次会和店内客人大打出手。不论做什么都不满意，非得和人家扭打互殴才肯甘心。我总是和刚结识的作家朋友，或者关系棘手的音乐家碰杯喝酒，时常从通宵喝到早上七八点，睡个两三个小时后，再回公司上班。这种日子竟然持续了五年多。直到现在，我仍记不得当时是如何腾出时间读书和看稿的。

有些作家会说"如果是角川的话，我就愿意写"，但我从那时候起，就绝对不与这样的作者合作。确切地说，我只想与那些与此逆向思考的作家共事。况且，我还专找那种无论角川的前辈和同事或上司如何洽谈也无动于衷的作家合作。

从二十五岁左右开始，我就喜欢看非主流的舞台剧，平均每个星期看两场戏，持续了约有十年的时间。当时，见城的名字在各个非主流剧团里，几乎是耳熟能详。金原峰雄和野田秀树开始写小说和散文，也是因为受到我的鼓励。

每次看到精彩的戏剧表演，我就想支持他们，并懊恼自己为什么没有早点发现这么有趣的舞台剧。于是，我开始兴起将这些戏剧推广出去的念头。为此，我不惜付出所有的努力。结果很多出身自非主流剧团的朋友，名气越来越大，而他们的戏剧和演员阵容也越来越强大。我非常欣慰地看到他们不断成长，而这些可贵的成果，后来也全反映在角川的营业额上。演唱会的情况也没有例外。我只要发现颇具潜力的音乐家，便对他全心投入，把不起眼的无名歌手打造成名声响亮的大人物。我甚至为了支持对方共同奋斗下去，瞒着公司替他创立经纪公司。在我看来，能发掘无名的新秀使其大放异彩，才称得上是真正的编辑。我始终抱持着这样的信念，一直拼搏到今天。

胜者无所得

一

后来，见城在角川书店里的地位逐渐高升。那时他刚过三十五岁，他逐渐变得"只要下雨就觉得麻烦，懒得去听音乐会或看戏，宁可和女人相约在餐厅用餐"。此外，他和关系棘手的作家见面的机会也慢慢减少。等他回过神来才发现，以前每周去两次剧场，现在有时整个月也没去过一次。回顾那段时期，他突然察觉到自己远离工作岗位，对编辑工作的热情逐渐转趋冷淡。当时，他很想摆脱那种欲振乏力的困境，偏偏那时的环境根本不需任何改变的舒适与安逸。他四十二岁的时候，在公司发生"角川社长涉嫌持有可卡因事件"之前，不时想借机离职的七年当中，他每天都带着辞呈上班。

"当时角川如同我临时的栖身住所，但我觉得这样下去，自己将毫无作为，只会更加颓废而已。我想重新归零再造高峰。我怀抱着这样的心情，每天都把辞呈放在胸前的口袋里。有时很想走到社长面前，把辞呈交给他，但最后总是没能勇敢地递出辞呈。从某个角度来看，抛弃角川书店这个家庭，等同于背叛了角川春树社长。角川春树这个人，从我进公司以来，就是对我关爱有加，最让我尊敬的人。当我咚咚咚敲着社长办公室大门的瞬间，我总是失去递辞呈的勇气。我无法眼睁睁看着角川春树悲伤而慌张地挽留我。从三十五岁开始到决意辞职的七年期间，我每天都深陷在去留难决的矛盾情绪中。"

见城每次总是以最年轻之姿就任公司里的新职位。每年要数他替公司赚进最多利润，因此也是公司历来最年轻的董事。然而，在他就任董事编辑部长之前，他依然因为找不到适当时机递出辞呈而惶惶然。其实，他若继续呆在公司的话，四十五六岁的时候，应该就能风光地当上副社长。就在这个时候，发生了"角川社长涉嫌持有可卡因事件"。角川春树社长遭到逮捕，被迫下台。见城身为公司的董事，自己也投下赞成票，要求角川春树社长辞职，随后他自己也离开这家公司。

"结果，我十七年来之所以能够呆在被我视为栖身之所的角川书店，其实只是因为角川春树这个人。因此我离职的时候，觉得特别清爽，如同万里无云的晴空。照理说，我辞职后尚不知何去何从，不应该如此轻松自若才对。我之所以有这种感觉，或许是因为我终于逃出角川春树的魔咒。"

为作者打响名气后，便重新出发探寻新的璞玉，而且绝不仰仗公司的名号行事，这就是见城描绘并持续实践的男人美学。幻冬舍正是奠基于见城美学而创建的出版社。许多作家和音乐家，都是在年轻而默默无名的时候，即受到见城的照顾和砥砺，然后渐渐闯出名声。现在这些人都是见城的人脉，成为他重新起航的助力，只要见城所托他们都愿意配合。

"我认为公司只是我们经常隐身的安乐窝而已，决不能把公司当成根据地。我只是像只寄居蟹般离开角川书店这个大型的居所，移居到幻冬舍这个可能随时崩塌的小小居所里。对我而言，所属的公司永远只是个藏身的处所。倘若把那个处所当作自己存在的证明，那自己的存在价值就会完全消失。人在规模越大的公司里工作，越容易依赖公司的名号办事。我认为人若是走到那种田地，等于没有前途可言。"

结果，幻冬舍的规模急速成长起来。说来讽刺，见城自己也为幻冬舍打造出响亮的招牌。然而，见城现在却要把自己辛苦打造出来的名号摧毁掉。

"人必须做一颗不断滚动的石头，亲手将自己毁灭掉。昨天的成就，在今天摧毁。若在'幻冬舍'这个响亮的名号下安逸过活，我肯定会完蛋。我时常这样诘问自己和员工们。坦率地说，不可能所有事情都顺顺利利。毕竟我们是人不是神佛，总会有不顺遂的时候。即使事情进展得不顺利，也要自己求新求变。我觉得只有敢抛弃昨日之死的人，才能胜任现在的工作。只有经过不断失败，流血流汗的过程，最后才能成就大事业，享受美好的成果。因此前一项工作结束后，就要再次让自己归零。我常常挑战自己是否能甩开过去的荣耀和名誉，再度让自己归零。人在临终的那一瞬间，若能坦然接受死亡，才能确切证明自我存在的价值。现在工作顺遂只是暂时的，整体而言不算成功也不算失败。我认为只有在临死前觉得'曾经活过真好'，才能算是真正的成功。因此我是为了死亡而活着，同时我还要不断从藏身的处所逃脱出来，寻找新的生存之道。换句话说，我要经常处在可以随时跳脱旧有框架的状态下工作着。"

见城认为当一个人感到"凡事顺利"的时候，其实是最充满危险。也就是说，别人觉得他一帆风顺，他都要觉得航途受阻。在他看来，人处在那种"事情进展得不太顺利，但可以再精进"的状态下，反而是件好事。长期以来，见城背负着诸多麻烦和压力拼搏到现在，难道不曾想过要逃避吗？

"我有想过要逃避。但因为这关系到生死存亡的关头，最后还是没办法逃避。我脑海中不停想着，如果这个企划失败，岂不就等于破产？抑或这张票据若没兑现的话，出版社从此关门大吉；要不就担心三个月内若没推出畅销书，就撑不下去等等。但是这些事情本身并不判决你的生死。倘若你把压力和困扰都视为理所当然，把不幸也看作理所当然，就不会引以为苦。我每天都有处理不完的困扰，每天都很郁闷。自从辞去角川的工作，创立幻冬舍以后，我的心情从来没有好过。人生就是无时无刻不在寻找隐身的处所。人都是为了摆脱死亡的空虚而埋首工作，为了排遣情欲和寂寞，而寻找自己倾心的女人。除了工作和女人，我几乎无处藏身。而把女人当成隐秘的紧急避难所其实也……"

寄居蟹从不会两次住进同样的贝壳，而且它也不会死在最后寄居的贝壳里。在临死之前，它会离开最后寄居的贝壳，拖着即将消逝的生命摇摇晃晃地爬过岩石处，然后在海水中成为僵硬萎缩的尸体静静地往下沉，成为螃蟹或鲨鱼的饵食，或者被潮水带走流向汪洋大海慢慢地消失。

二

当时在出版界说到"角川的见城彻"，如同提到在座的"文春的花田纪凯"一样，我勉强还算是有点知名度（笑）。或许继续呆在角川亦是一条路，但是我没有这样做。

1993 年那个事件确实是我辞职的契机。我四十一岁就当上董事，当然也是因为我长年来在工作上的努力成果，但我认为主要还是春树先生在背后大力提拔的关系。在春树先生被逮捕之前，董事会一致通过要他下台，我也毫不犹豫地投下赞成票。我非常感念春树先生和我共同为角川所做的奋斗，同时为此感到自豪。我心想既然投票同意春树先生辞职下台，我当然没有继续留在角川的道理，同时也递了出辞呈。

我在四十二岁离职之前，就曾经想过"若不离开角川的话，肯定会完蛋。"人上了年纪，有了些社会地位和名声之后，通常就很难把自己归零。因为维持现状最轻松自在，而要让自己重新开始却非常困难。我很早就有这种危机感。我知道自己再这样下去，必定没办法在工作上有突出表现。当时的我曾推出为数不少的畅销书，也曾造就出五本荣获直木奖的作品，让我沉醉在各种盛名的光环中。只要有人因为"角川的见城"慕名而来，我便笑脸相迎。

那时候，我总觉得自己正在堕落当中，几乎激动得直在心中对自己呐喊"再这样下去不行啊！你必须把自己归零，重新出发！"因此我下定决心，我必须壮士断腕般地辞职，非得把角川这个金字招牌抛弃不可。事实上，我呆在角川的期间，即曾经两次要提出辞呈。

我把写好的辞呈带在身上，但是一看见春树先生，便没办法把口袋里的辞呈拿出来啊。他劈头便说"干吗啊，先坐下吧"，然后开始谈工作或是闲话家常，使得我说不出"请接受我的辞呈"，只好带着辞呈回到自己的座位上。请辞未果的事情总共有过两次。

第一次是在我三十三岁的时候。那时我已明显地暗示很想辞职，结果第二年，我就以三十四岁的资历当上《角川月刊》的总编辑。另外一次是在我四十一岁的时候。这次我是抱着非辞职不可的决心走进社长室，但是在我正要递出辞呈的同时，他对我说："这次，我要你当董事。"因此我又没办法递出辞呈。不过这对优柔寡断的我来说，可说已经到达极限。即使没有发生那个逮捕事件，我还是会辞职的。

升迁也无法阻止我辞职的决心，这对上班族实在很难理解吧。总而言之，我是个怯懦而没有气度的人，因而我每时每刻都活在恐惧和强迫症当中。偶尔我也会感到犹豫，可我心中那个"想改变眼前的自己"的渴望，终究支持着我撑持下来。话说回来，要从事出版这种和创意相关的行业，我这种性格并没有什么不好。

我觉得每个人都有两种极端的性格面向，比如恶魔般的细腻与天使般的强悍。一般人都说天使般的细腻和恶魔般的强悍，但是我希望自己能拥有恶魔般的细腻与天使般的强悍。我必须让自己的心里同时住着恶魔和天使，并且感受到快被撕裂般的痛苦，才能与作家们产生共鸣，也才能清楚感受到这个世界光明与黑暗的每个渐层。

沉静无为的底下蕴藏着超强的能量，看似怯懦的心灵仍然有果敢的行动力。这些话由我嘴里说出有点臭屁，但是我性格上的摆荡就是如此巨大。

倘若在两个极端之间，不能剧烈地摆荡的话，做什么事都不会有进展，因为心在律动，才能呼风唤雨，也才能产生热力。举例来说，我认为所谓的性感就是这么回事。某个人之所以让大家觉得很性感、很迷人，是因为她的心灵不断进行着与其魅力等比例的律动，正因为她的心灵在律动，才让人觉得如沐春风，让人感到温暖，都想要与她接近。

从这个角度来看，心灵没有律动的人，即使外表很美，我还是不觉得她很性感。我年轻的时候，只要是秀色可餐的美女，就能让我怦然心动，但现在已没有这种想法了。

其实我刚进公司时，角川在文艺界根本算不上是什么响亮的品牌。几乎所有的作家都愿意和文春、新潮或讲谈社之类的出版社合作，但听到是角川便会迟疑或拒绝。当时，我就想和这样的作家合作。确切地说，与那些拒绝角川的作家交手，共同催生出好作品来，才能显示我的能力，我始终秉持着这个理念努力不懈。相反，与那些只听到角川的招牌便点头答应的作家共事，丝毫没有成就感可言。那时候大家都认定我是角川的见城彻，不过我有种奇妙的自信，自认为个人身份的见城彻，绝对有能力与作家或艺术家们共创崭新的未来。

我成为幻冬舍这家新出版社的老板时，依然维持着这样的自信。从无到有创立幻冬舍这个全新的出版社时，我也曾经彷徨和恐惧，但同时也有种奇妙的自信，认为自己只要能像见城彻过去那样拼命努力，必定可以克服难关。当然，因为这家新进的出版社总是要冲撞过去出版业的常规，所以我们走得很辛苦，有点是像不断地要将棉线穿进针孔中，而这根针却立在五十米外的黑暗中。我认为我们的成功来自全心的努力，和周遭人士的关照，当然还要加上老天爷赐给的好运。

外人确实不太可能知道我内心的这些想法。但我说要离开角川的时候，大约有二十多个下属表示要与我同"进退"。有很多人想提供资金，可是我只想在自己能力范围内开创新事业，所以最后仅限定我们六个人共同创业。当然，在创业前的四次会议中，有个伙伴说尚有贷款要还而退出，后来又有两个因为孩子即将诞生而离开……另外也有我予以拒绝的，总之在创业过程中，有很多戏剧性的变化。

必须指出，最后和我合力创立公司的五个人，包括小玉圭太、石原正康、馆野晴彦、米原一穗和斋藤顺一，是我所有勇气的泉源。他们五个人无比的重要，我誓言"这辈子都要和这些伙伴打拼下去"同时亦做好心理准备"和这些同伴打拼事业，就算失败决不后悔"。只要有这些伙伴并肩作战，要开拉面店或经营搬家公司都无所谓。正因为这个团队力量的支持，我们才有今天的成果。话说回来，现在若叫我们重新来过一次，大概没办法做到像今天这样的局面吧。不，我可以斩钉截铁地说，绝对办不到的（笑）。

三

我对"前所未有"这句话，有出乎病态的惯性反应。不，应该说我得以感受到这种病态来得恰当。因为是一种疾病，因此我也束手无策，只能任由它去。结果，我总觉得自己是"前所未有"的编辑。作家们时常说我"真是胡闹"，而越是强烈批评说我胡闹的作家，与我共事的作品数量越多质量也越好。每个作家都有古怪的性格，所以他们对变化快速的事物分外敏感。

进角川以后，九年来我都呆在《野性时代》这个小说杂志的编辑台，后来又在出版单行本和文库本的部门呆了一年两个月。我刚开始理解书籍出版的运作模式，也就是说，刚发现打破传统书籍出版制度方法的同时，我旋即被调到《角川月刊》。其实这是件好事。因为在同个部门呆得太久即没有新鲜感，而且那个职位该做的事都已做完，没有任何调动，最后只会沦为炫耀自己的丰功伟业，和毫无进步的笨蛋编辑。在我看来，自己策划的工作正要展现成果之际，即突然被调到其他部门，才能激励出编辑的潜力。

因此，若问我这十年当中到底做过哪些事情，因为实在是太麻烦，根本不想提起。我对这种事没有兴趣。对我来说重要的是，未来我还能继续"胡闹"到什么程度。

我豪气万千地写到这里，倏然跑到厕所大便，正浑身使劲时，脑海闪过小黑一三的过人之处。相信读过那次座谈会纪录的人都很清楚，小黑一三是个未曾有的编辑。我认识他之后，才深知自己"前所未有"的"胡闹"竟然是文艺界的常态，于是我不得不像出版励志书籍的 PHP 出版社那样，对"人的魅力"这句话稍为做出思考。小黑一三是个浑身充满魅力的人。我们刚认识的时候，他并没有这么唠唠叨叨，那是他后来才养成的习惯。

我最敬爱的角川春树社长的情况亦然，想法极为复杂和扭曲，面对这种前所未有的人，连社会科学也无法做出解释。换句话说，即使座谈会的另一个来宾——栗本慎一教授用经济人类学的逻辑也无法合理地解释。

小黑借助那无法解释的"魅力"，完成了所有工作。小黑的风范、眼神，和他的气息……这些东西能用社会科学解释吗！

无论是我们角川社长、尾崎丰，或是小黑一三，他们都是自我折磨地活着。不，应该说他们若不伤害自己就活不下去。这些人改变了我，也赋予我工作，包括我的朋友们、我爱的女人、我憎恨的敌人……夸张地说，我的工作其实就是我那进退两难的人生。我觉得不管自己是轻松快活，还是悲伤叹息，我只会用这种方式工作，将来也只能继续用这种方式工作。不论是我每天持续努力的重量训练或任何事情都很理所当然，因为这就是我的生存方式。我仍在改变当中。

因此，《角川月刊》也会不断改变。

航向大海

一

　　见城彻是幻冬舍的社长。他年纪轻轻就坐上角川书店董事编辑部长的宝座，却在角川春树被逮捕之时，下定决心离开角川书店，并于四十二岁那年成立幻冬舍出版社，与角川书店在同业竞争。当时，据说周遭人士全不看好，认为"见城此举必定失败"。

　　"我只要继续留在角川书店，将来的前途应该可以获得保障，在公司里的权力也会不断扩大，只要不犯下什么重大过失，混到退休应该不成问题。但矛盾的是，如此一来，我总是无法从精神和经济以及工作层面得到成就感和回报。自从那天（角川春树先生被逮捕）以来，我就认为只有递辞呈才能与他恩断义绝。我很清楚航向大海的风险，宛如在厚重的浓雾中，挣脱船缆的束缚，驶向苦难的港湾，没有比这更充满危险的航路了。就拿书店物流这件事来说，从书价的成数折扣到付款条件，所有的条件都非常恶劣。况且出版业界原本就竞争激烈利润不高，新出版社几乎没有生存的空间。

　　我之所以能突破困境，是因为我很天真。毛泽东说"革命的三个条件"，亦即"无名"、"年轻"和"贫穷"。在此我还要加上"天真"，称为"革命的四个条件"。为了宣传我们公司最初的六本新书，我们在《朝日新闻》上打出全版广告。从好的角度来看，这么做是希望给社会带来震撼，告诉读者又多出一家令人惊奇的、前所未有的出版社。当时的情况是，倘若那六本书滞销，我们就得关门大吉，因此我们光是在《朝日新闻》就砸下三千六百万日元的广告费。结果，那六本书全部大为热卖，共计卖出将近百万本。那是一次天真的冒险之旅。"

四十三岁那年春天，见城彻采取无与伦比的营销策略，推出其视为幻冬舍首航的六本书。他表示那六本书问世前，他每天都过着惶然不安与恐惧的日子。当时他唯一的生命线，就是他与作家之间的强力联结。见城从年轻的时候开始，只要是他想共事的作家，他必定会写信给他们，说服他们出书。不只是作家，他也会为音乐家或男演员们安排小型演出，与他们的交游早已超过编辑可能付出的范围。为此见城被他们弄得溅满血污，而他们则用稿件来回报见城身上的血渍。对见城而言，热情和人际关系才是最宝贵的财富。

"我称赞他们真正想被人称赞的地方，发掘他们自己没有发现的潜能，而且给予他们适当的刺激。如果信的内容写得不中肯，就没有机会合作，所以为了把信写进对方的心坎里，每一封信都是我呕心沥血的成果。公司成立之初，我每天写两封信。写信的对象（作家）约有五十人左右，所以从最初的六本书开始，我们公司就没有缺稿过。对于我们公司以努力扭转乾坤一事，我感到很自豪。在我四十岁那段日子里，每天不断奋斗的课题是，自己是否能对作家的作品提出重要的建议，或者能否激发他们写出下一部作品。尽管那时我饱受不安和恐惧的折磨，但不可思议的是，我并没有陷入绝望的黑暗深渊，反而经常觉得欢欣雀跃。

然而，我在四十岁左右的时候，仍有个未了的心愿，那就是做杂志。关于书籍方面，其成绩已远超过自己的预期，唯独没能完成我做杂志的梦想。虽然我只做过以文字为主体的文艺杂志，但我很自豪的是，我曾将《角川月刊》的发行量，从数千本扩大到十五万本的规模。我认为即使推出以图片为主的视觉系杂志，我们照样可以创造那样的成绩，我差点就能实现这个愿望呢。话说回来，那应该是正值体力旺盛四十岁的青壮年打拼的事业，这点我倒是很羡慕《F&E》呀。"

见城在成立出版社后的十年中，总共创造了九本百万畅销书。即使他已从四十岁的战斗中光荣退役，进入五十岁的人生阶段，现在他仍打算凭借着自己的"天真"，继续在其人生路上"横冲直撞"。他在五十二岁的时候，将幻冬舍的股票上市，并从经营者的角度来强化自我。

"幻冬舍成功打响自己的品牌后，我又觉得这块招牌已经开始锈蚀起来。虽说我主张必须做个不停滚动的石头，但有时为了顾及品牌，行事难免显得保守。如何突破这个困境，就是我们紧接着要面对的课题。这时候，我开始寻思将股票上市。倘若公司的股票上市，所有的经营状况就得摊在阳光下，而且必须努力让每一季的固定利益持续成长。我选择用这样的方式，让自己再度热血沸腾，渴望新的挑战。

另外，我也开始每天面对严重的矛盾，因为走在刀口上才能造成轰动，但相对的风险也提高，而这完全违背上市公司的经营原则。我必须背负风险努力奋斗，才能争取胜利，让投资人感到安心。问题是，风险和安心这两者根本没有整合的空间。不过既然股票已经上市，我也只能思考如何在这种情况下，突破困境。

我们公司以一千万日元资本起家，但上市后总市值最高的时候，曾接近四百亿日元。我们的血汗结晶经过十年，竟然膨胀了四千倍，实在很惊人。如果你要说'不，钱不算什么'、'穷一点也无所谓，只要能在乡下安然度日，这样的人生又有什么不好'那也无所谓。话说回来，你想要奋力争取些什么，梦想自己四十岁的时候，可以拥有庞大的资产，也没什么不对。

我认为四十岁是殊死战的最后关头。在这十年间能闯出什么名堂，将决定你的人生。不过，若在四十岁时才想展开新的事业，除非你只想搭顺风车，否则你最好随时将风险列入考虑，因为你已经不再像三十岁那么年轻，也还没有五十岁的远见。总之，在迷惘的时候你只能往前冲。在过去这些时刻，无论是幻冬舍成立之初，在《朝日新闻》买下全版广告的时候、《Daddy》初版即印五十万本的时候、公司成立三年就决定推出文库本，首发即以过去最高纪录的两倍，推出六十二本新书，借此一决胜负的时候、抑或推出《永远的仔》一书的广告，倘若此书卖不到二十五万本就不符成本的时候，我总是告诉自己'迷惘的时候就往前冲吧！'

当然，也有些人向前冲以后遭遇失败，那就只能听天由命别无他法。因为在现存的体制下，既得利益者握有最多资源，假如你害怕失败不敢往前冲，那你永远不会有任何收获。"

见城彻四十一岁的时候，以超乎寻常的速度坐上了角川书店董事的高位。他在工作上奋斗努力多年，有此成果自属当然。不过有人认为他如此年轻之所以当上公司董事，完全是老板角川春树的特意提拔。在角川春树社长因涉嫌持有可卡因，而遭到逮捕的前几天，见城彻在董事会投下赞成票，要求社长辞职下台，接着递出辞呈。十三位董事当中，只有见城一个人提出辞呈。

"一项工作做出成果后，我就想把自己归零，着手挑战新的工作。我认为这对编辑来说，才是最美好的事。着手新的企划，培养默默无名的新人，当一切有所突破，连其他媒体也蜂拥而至，便再次舍弃这些荣耀，往新的目标前进。这是最绝美的编辑之路。"

见城彻辞去角川书店的职位时，正逢他四十二岁那年的夏天，他在离职三个月后，登记成立了一家新公司。许多企业都表示愿意出资，但他全都婉拒，只以他个人拥有的一千万元展开该公司的营运。在日本书籍流通制度保守，且新出版社生存不易的大环境下，设立新出版社的见城充满惶惑不安。对见城而言，他与过去培养的作家和创作者，以及理念相近的广告公司和印刷公司之间的紧密情谊，即是支持他继续打拼下去的生命线。

"当我寻思是否有什么方法可以给予社会大众强烈的印象时，脑中倏然异想，一家默默无名的出版社，若突然在《朝日新闻》上刊登全版广告，必定引起很大的瞩目吧。话说回来，这则广告未必能造成任何轰动效果，万一石沉大海，恐怕我只能宣布个人破产。不过，广告公司的副社长却对我说'总之，我愿意把赌注押在你身上'。后来我才知道，全版广告的费用高达六千多万日元，而他竟对广告承办员说'幻冬舍若付不出钱来的话，我会自掏腰包付钱，让我们上这个广告吧。'印刷公司的社长也很豪爽地说，印刷费可以拖个一两年再付也无所谓。假如我没有离开角川并且创立这家公司，我现在可能会顶着'角川的见城'这个头衔，一副高不可攀的德性……有他们的付出和鼎力相助，让我真切地体悟到独立门户是正确的选择。"

幻冬舍最初发行的六本单行本，全都成为畅销书，但是见城的攻势并未就此停。公司创立第三年，他也进军文库本的市场，一口气就推出六十二本文库本新书。在他之前如此大规模推出文库本，只有十五年前"光文社文库"推出的三十一本新书，此后十五年间，这种大手笔几乎成为绝响。

"没有人看好我的出版社。《Daddy》初版即印五十万本亦然，大家都认为我会失败。但是我创立这家出版社，就是为了要跑在所谓出版社常态的前头，我认为倘若不突破旧有框架，根本没有胜算可言。进军文库本市场也是，由于光文社耗资六亿日元的规模，首发三十一本新书，因此我便投入双倍的资金，耗资十二亿元，首发六十二本新书。"

"如果不敢在新的创意上冒险，你还能妄想改变什么呢?"这是见城为其新事业首航所想出来的广告文案。他的莽撞性格是从他任职角川书店时期即已养成，并不是习自公司教的规定。他呆在角川的时候，"跳脱上班族的框架"，为尾崎丰成立个人经纪公司。

"工作进度顺遂的时候，我便开始怀疑一切。"

"所以我曾说'把你最忌讳的脓疮烂伤暴露出来吧'……在我看来，在友谊和信任关系上，对方若对我坦诚相见，对我全心全意付出情谊，我也必然会坦诚相对，这样才能共同创造出好作品。虽说有时候因为急于拉近与对方的关系，而导致彼此的关系紧张，甚至弄得挫败连连和浑身是伤，但这是无可避免的事情。若不这样的话，不可能有什么进展。把自己留在安全岛上，却要求对方赶快写出作品来，这样没根本不可能创造出隽永的作品……我曾多次和许多作家闹到几乎断绝往来的地步。话说回来，正因为彼此交情深厚，即使闹到扬言不相往来，日后必定仍会在某个情况下握手言和……

有时候我会在某种情境下，突然完全不考虑成本效益。我在人际关系上有时候也非常失败，还时常遭到利用，不过我或许也在不知不觉间利用了对方。我和尾崎的关系就是如此，坂本（龙一）单飞的时候也是，另外还有五木宽之（《大河涓流》销售突破百万本）、乡广美（《Daddy》销售突破百万本）、石原慎太郎（《弟弟》销售突破百万本），他们真的是我一路走来互相扶持的朋友，让我感到自豪。遇到这些人我会突然完全不考虑成本效益。因为他们的作品总是打动我的心弦，即使他们没有商业上的利用价值，我还是愿意为他们付出一切。有趣的是，我为他们豪情地付出，最后都会带来商业上的成果。"

见城在毫无保障的情况下，为朋友全心投入的生活方式，所得到的报酬和特权就是，让他每次为跳脱框架所做的努力，都可以直接转换为商业上的丰收。

"外表显现凶猛，说到底是因为怯懦所致。因为胆小无为，才把什么都当作最后决战。既然已经尽心尽力，就会想着如何才能得到显著的胜利，因此才会想出'再贵也非买不可！'这样的广告词……那时候我每天睡不成眠，一直往负面思考，一想便觉得惶惶不安，有时候还眼泪掉个不停。女人和喝酒也无法消除我内心的恐惧。尽管我频频告诉自己，接下来只能尽人事听天意，但我仍旧因为怯懦而寝食难安。因此我的内心总是很狰狞。"

求胜并不是见城的目的，他的满足感来自争斗的过程。他表示"唯有在内心对空挥拳的瞬间，他才能把自己放空"，"在那一瞬间，我感受到不为人知的恍惚"。

出版社成立后六年内出了六本狂销百万本的畅销书，在出版界的漫长历史中，只有幻冬舍办得到。

最后总是获胜的人

见城说，他预定大约在三年后即要结束其在事业上拼命三郎的人生。这个始终活在殊死决斗的世界中，以畅销书之神的态势凌驾出版界其他编辑的男子，他求胜的欲望会就此消失吗？

"我认为我的人生只剩十五年可活。还可以迎接十五个新年，赏樱十五次，而享用以每一季当令食材烹调的美食，也只剩十五次机会。但是我在精神方面，仍保持着十八岁时的样貌，完全没有进化。爱上一个女人的那种心情，从十八岁到现在的五十四岁，都完全没有改变。但我必须承认，我的体力确实大不如前。高尔夫球击球后球飞出去的距离，比四十岁时少了十码以上，偶尔到健身房练仰卧推举，我可以举起的杠铃重量也大幅下降。此外，我的身体也时常莫名的酸痛。

人终究难免一死，因此必须仔细考虑人生各阶段要以什么事为优先。我四十岁的时候还没有考虑这些，进入五十岁才开始思考，到底是生活方式、女人、金钱，还是事业的存废，哪个应该最为优先重要。

我打从年轻时开始，女人就是我最大的行动诱因。只要我心仪的女人能够理解我，又能让我对她撒娇，我便心满意足。或许家有小孩的男人自然会有人父的成熟稳重。可能是我没有小孩的关系，因此毫无为人父的稳重特质。我始终是个顽童，所以我思慕的对象其实只是个抽象物。对我而言，女人是抽象的。至今我仍渴望着拥有知我甚深愿意拥抱我的女人。但是那终究只是我的幻想。我总是找不到这样的女人，有时候以为已经找到，一切却与事实相去甚远。正因为这样，我永远也无法摆脱深沉的孤独。

我认为我会自杀。虽然我害怕死亡，但是我非常希望能做到微笑辞世，假如不自杀的话，我大概很难含笑离开人世吧。我每天晚上都反复地自问自答，是不是只有在死亡的瞬间，才能决定人生的价值。

海明威只留下遗言说，当身体不听使唤的时候，人就没有必要再继续活下去，然后用脚趾按下步枪的扳机，朝自己的脸部开枪自尽。在肉体逐渐衰老且孤独感逐渐加深的过程中，我必然也会走上和海明威相同的道路。

我这番说法，可能只会给投资人增加风险。可是我也不会因为要降低投资人的风险，非得要让事业成功不可。

我可是那种比别人更容易不安和恐惧的典型呢。小时候常被扯头发，连小石子也可以把我绊倒。确切地说，我是个做什么都犹豫不决，老是闷闷不乐的男人。七八年前，我曾在杂志上读过一篇详细描述汤姆克鲁斯工作和私生活的报道。那篇文章提及，他稍微遇到困难便想退缩。例如说明天有床戏，他就会非常忧郁，即使到达拍戏现场也都沉默寡言。但是快要正式开拍的时候，他就会大喊一声'Rock'n'Roll'，像是要摆脱现实生活中的自己，然后下场拍戏。我非常了解他的心情，从那以后，我每次在跨出第一步的时候，总会在心中大喊一声'Rock'n'Roll'呢（笑）。

我的烦恼全写在脸上，只是最后关头的时候，我还是会往前冲刺。

成立幻冬舍以来，以史上最快的速度连续推出六本畅销书，狂销百万册，然后公司成立才三年，又突然投入十二亿日元，在市场上推出六十二本文库本，而乡广美的《Daddy》也是一反常态，初版即印了五十万本……

因为我觉得不那么做的话，便无法开拓任何局面。维持现状当然最轻松愉快，但是我没有办法满足于现状，我会觉得很虚无。所以再怎么痛苦也要往前迈进。

我觉得世上只有3%的人可以做到这种程度吧，其他大部分的人都是连油门都不敢踩，就这样平平淡淡地结束人生。不过因为我透析这些人的心声，因此出版的书才会如此畅销吧。

人不能只有一种选择……悄悄地活着悄悄地死去、诚实地活着诚实地死去、默默地活着默默地死去……那里有着严肃的生存意义。我非常了解这一点，所以逼迫自己勇敢走出来，要自己有所突破。不这么做我就活不下去，因此我发现哪里危险便要往哪里去。倘若危险的道路分成 ABCD 四个等级，我犹豫了半天，最后还是会朝 A 的方向去。假如往 A 行不通，或许我就会放弃突破，改朝 E 的方向走去。A 或 E，没有中间的灰色地带。我认为人必须拥有极端矛盾的性格，才能涵盖中间的一切，增加自己的广度。

读者或许会问，这就是《大河涓流》包括单行本和文库本总计销售突破二百七十万本的原因吗？人一定会生病，必定会逐渐变老。不管是至亲还是朋友，凡是人就是会互相背叛……工作不顺，恋爱也没有结果，但不就是在这个前提下，人才开始学会如何生存吗？这就是贯穿《大河涓流》这本书的中心思想。默默活着然后默默死去的那些人，其实只是静静地接受这样的思想。对我而言，最应该受到尊敬的就是这些人。我觉得无论是国家首相，还是乡下默默营生的市井小民，他们的生命本质都没什么两样。最后每个人都得独自走向死亡，这对所有人类来说岂不是很平等吗？差别只在于当死亡时刻来临之际，你是否要含笑离开？除此之外，人生终究只是个过程而已。自己的人生是成功还是失败，都是在死亡的瞬间由你自己决定的。为了死前的瞬间，至今我仍奋战不懈。

因为人总有一天要死的啊！如果每个人都能长生不死，所有问题都将可以获得解决。即使被情人抛弃也不会觉得落寞伤吧？反正一亿年以后，应该可以恋爱成功，至少会有个女人跟你恋爱吧（笑）。时间里隐藏着天大的秘密，不管是哀伤或苦闷，所有感动都是从时间的秘密里衍生出来的，谁也无法阻止时间的流逝，每个人都必须历经生老病死，端看你愿不愿意接受这个事实而已，像我就没办法。活着的每个瞬间，都必须满足自己才行……哲学家和宗教家经常阐述生命的价值，但其实生命的价值根本不存在。但要是说生命没有价值，岂不是令人无所适从吗？因此我总是在每个当下拼命地寻求生存之道。如果透过虔诚的信仰，可以与神直接对话的话，或许就不会感到人生如此悲凉。

我见识过各种宗教，读过《旧约圣经》和《新约圣经》，还认真研读过《法华经》……但我还是没办法得到解脱。相较之下，去追求心仪的女人然后在和她做爱的当下，我反而能得到解脱呢（笑）。不过那种解脱眨眼即过（笑）。

知我甚深的女人很重要啊。不过我可不要男人喔，因为就算有男人很理解我的想法也没用。有大批媒体采访我,其实只给我短暂快乐而已。甚至偶尔也会碰到陌生人士请我帮他签名。虽然在媒体上露脸,可以满足自己的虚荣心和自恋情结,我似乎也能借此排遣寂寞引以为乐。但是现在那类的活动,我想尽量少碰,所以九成的邀约都会被我婉拒。总之,工作也只能让我在零散的每个瞬间得到快乐。最近,我买下 Sony Magazine 的漫画部门,成立一间子公司取名为幻冬舍 Commics。这是个不小的赌注,但我现在全心投入这家公司的经营。此外,我们花了三年时间筹备,完成小林善纪的《战争论2》,希望首卖可以达到五十万本,半年内再增加到一百万本,我对这件事也寄予厚望。我非得在这本书上投注心血不可。如果销售量只是马马虎虎,我才真的无法摆脱孤寂。

我是说人出生以来不是每天都在迈向死亡吗?结果,我们根本就是为了死亡而活着。除此之外,一切都是虚空啦。不管做什么都改变不了我们每天都在迈向死亡的事实,这是无法逃避的事实啊!正因为无法逃避,因此生命里的一切都只是一时的假象。因此人基本上就是寂寞的,无论你是不是受到怜爱,也不管你的工作是否顺利。所以对我来说,如何接受死亡才是最大的问题。

我觉得如果可以自杀的话,那是再好不过了。可我现在还没有办法自己结束自己的生命。我好几次都想要自杀,只是缺少那种勇气罢了。

我是为了自己在经营这家公司,员工们也为了他们自己来到这家公司工作,所以我死了以后,应该会有人想办法处理公司的事情,也可能就此作鸟兽散。话说回来,即使他们有家庭要照顾，他们终究只是在人生过程中现在选择在这里工作而已。因此我绝对不会慰留那些要'辞职'的员工。因为我非常重视自我，这家公司便是依照见城彻的生存模式塑造出来的。我为了在进退两难的人生里继续活下去，才会创立这样一家公司。记得安德烈·马尔罗在《王家大道》一书中，有个角色临死前说出悲壮的话语：'死并不代表结束，只是我自己一个人死去罢了'。诚如马尔罗说的，只是我自己一个人死去罢了啊。对我来说这是生命的结束，对其他人并不是如此。

我如果没有经营幻冬舍的话，现在可能坐在飞机的驾驶座上，开飞机去冲撞某个大楼也不一定。那个阿拉伯人，也可能是带着微笑开飞机冲进帝国大厦。我觉得那就是他选择的生活方式，没什么不好的。我们在强调善恶、正义或真实的群体主流用词里，是看不见这个面向的。如果找到结束生命的理由，我就会去死。因此海明威举枪自戕、三岛由纪夫切腹自杀、奥平刚士在自己脚边引爆手榴弹，对我来说意义同样严肃。1960年安保抗争时，全学连的大学生冲进国会，造成东大学生桦美智子死亡，大家都认为那是一个不幸事件，后来她的日记被编成《不为人知的微笑》一书。书中有这样的诗行："听说最后的微笑是最令人感到愉快，我也希望自己在人生的最后一刻，可以带着不为人知的微笑。"我想她虽然这么年轻就死了，但她死的刹那间，应该是面带微笑的吧。无论是无家可归的人、国家元首还是恐怖分子，每个人都拥有对等的人生。我现在这么拼命冲刺，就是为了最后能微笑死去。所以任何议论或人生哲理对我都没有意义。

虽然我说了一大堆，但或许只有让出版的书大卖特卖，最能排解我的孤寂吧。我只是把自己的丑态和欲望、肤浅和深度全都概括起来，化为经营幻冬舍的动力，并不打算和其他人比较啊。这些都是属于我自己的、在迷惘中的生存之道，因此除了自己的人生之外，没有什么所谓的敌手。人和人之间的比较，对生命来说并不存在任何意义吧。

能满足我的就只有当下的危机。所以我会说'有胆量就跳冰海吧'、'再贵也非买不可'、'如果不敢在新的创意上冒险，你还能妄想改变什么呢'这几句广告词的重点，都和这个理念密不可分。倘若公司因此破产我沦为赤贫，我仍会去找别的生路，因为必定还有其他适合我的生存方式……虽然不知道自己会成为创作者、宗教家还是骗徒，但我一定会从零开始。结果会如何都没关系，只要自己还能呼吸，什么挑战我都不怕。因为人生只能向前走。

我很会钻牛角尖，所以几乎每天晚上都觉得不安。我是很怯懦的人。正因为没胆量才会莽撞行事。由于我做什么事情都耿耿于怀，所以凡事尽量设想周到，正因为这种性格，才让我在每个关键时刻都能逆流而上，突破困境。

最后关头我总能得到难以言喻的快感呢。因为我已经考虑过所有最坏的情况，经历过所有的不安，所以最后下定决心的瞬间感觉真好。毕竟已经烦恼到极点，完全无路可退，因此非得采取行动不可。当我决定展开行动的那刻，如同心中放下一颗大石头，整个人顿时豁然开朗。真的觉得重新归零也无所谓。

我讨厌自己的怯懦。其实，喜欢和讨厌是一体的两面吧。我是个吹毛求疵的胆怯者，没办法放过任何小细节。举例而言，有一次，我们公司有个二十三四岁的年轻同仁，很不客气对扫厕所的大婶说'你扫快一点啦'，我恰巧经过听到这句话。就连这种事情，我也无法坐视不管。于是把那家伙找来训了一个小时，告诉他'这样对待大婶很不应该'。但是事后我又觉得自己不该计较这点小事，陷入自我嫌恶的情绪中。结果，往后两天我都会持续为此事困扰。我总是因为小事而情绪低落，因此我决定绝对不参加朋友的派对。你在派对里和某个朋友的对话，不是常因为有人向你打招呼而被打断吗？我总觉得对方那个举动，对和我谈话的人很不礼貌，我就会对此耿耿于怀。我老是执着于鸡毛蒜皮的小事，连我都痛恨起自己来呀。"

今后见城的版图？

"我看只能不断地往前冲刺吧。虽然年纪大了些，已经没办法实际用头去冲撞对方的胸膛，可我还是可以在精神上持续不断地与人搏斗……除了工作和女人之外，我已经一无所有啦（笑）。如果要问我活着的乐趣在哪里，应该就是我策划出版的书大卖之后，我喜欢的女人对我说'见城先生真了不起啊'，没有比这样的称赞更让我开怀舒畅！我正是为了博得心仪的女人的赞美，才如此拼命的呀。或许这就是最能让我摆脱孤寂的续命丸！

关于我的自卑心结？

如果只能说一个的话，说实话，就是我的外表其貌不扬。我从小到大都觉得自己长得很丑，非常在意这件事。为了弥补自己在长相上的缺陷，我曾经很努力练橄榄球，踏入社会以后，也有十多年的时间，持续做重量训练。但我还是没办法消弭这个自卑感。总之，我对自己很不满意，无论是相貌、身高或是体格……要我对喜欢的女人说'我喜欢你'，就是说不出口啊。

我很想直接向女方表达爱意，但我实在难以启齿，花了好几年也没办法克服，因为我对自己的相貌没有自信。尽管我也知道男人的才干比什么都来得重要，但整体而言，我就是无从摆脱这个自卑感。

但是女人过了一定的年龄，就会开始认为'男人不能只看外表'。而且有个朋友说：'没有任何男人，像你这么受到好女人的青睐呢'。（笑）

我还是蛮有女人缘的嘛（笑）。

越是高不可攀的女人越会说'男人不能只看外表'，但一般女人大概会说'我从没见过这么有趣的生物啊'。甚至还会说这辈子再也不可能遇见这种生物了。

看来她们并不是被我在事业上的强悍所吸引。

这倒是出乎我的意料之外。可能是我太过稀奇，因为她们从未看过这样的生物。最后我怎么好像变成自夸自擂起来啦……真是不好意思啊。

大家常说我像巨人队的总教练长岛茂雄那样，自家儿子长岛一茂已离开巨人队还得继续关照球队的情况。不过我的情况与他不同。幻冬舍除了我以外，还有最初我最信赖的共同打拼的五个事业伙伴，以及后来进公司的同事，他们同样值得信任，也都很体谅我。我们公司多的是这样的人才，我非常感谢他们。而且年轻员工们也都积极地跟着前辈学习，在各种情况下接受不同的启发。因此我从第一线退下来，我们公司也不会有问题。

当然，现在大概还有二十到三十个没用的人，还是需要我出面坐镇。而且我还得与新的创作者建立交情，没办法立刻退居第二线呢。但仔细想想，我这个人至死只能当编辑呢。昨天，我偶然在《日经新闻》晚报的'明日话题'的专栏，读到一篇题为《春天来了》的文章，撰稿者是东京大学的教授，看完文章以后非常感动，旋即兴起立刻去见这位教授的念头呢。

说起来我总是不放过任何小细节，即使赌上公司的前途也在所不惜，我终将还拥有自己累积的编辑实力和各种人脉，但幻冬舍的其他成员是否也承继了我这种基因呢？

这个世界无法单靠专业和小聪明打通关，所以我只能用毕生积累的经验不断地突破困难。有时我为了拉近与对方的距离，还时常被他们整得灰头土脸呢。我的事业伙伴石原正康和馆野晴彦等人，都能克尽各种烦恼纠葛，并全心尽力开发和建立各种人脉，这样做实属不容易啊。从这个意义来说，他们确实承继了我的经营哲学。

花田纪凯（前《文春周刊》总编辑）在编辑会议上从不高谈阔论，而是先吃饭、泡茶，或是练习高尔夫球挥杆，这时候他才冒出一句或许这是个方向。比如，他会借此说，昨天之前他还不懂年金是怎么回事，跟他一起吃饭的年轻秘书说，你们可以推出为外行人而编写的《年金入门》系列丛书呀。

每次有编辑提议出版自己属意的书籍，我都尽量不加以阻止。正因为这样，所以失败的惨例多的是呢。外界只注意到我们公司的畅销书，没留意我们销售失利的书，以为我们出版的每本书都很卖钱，其实滞销书同样是尸横遍野。

我们公司讲求个人业绩，从来没有因为哪本书热卖所有员工利益均沾的美事，因此编辑们对于自己看准必定热销的书籍，就会毅然决然豪赌一番。为了在竞争激烈的市场存活下来，我们只能采取大出版社无法模仿的战略。但根据消息指出，那些大出版社似乎都非常认真地研究我们的宣传手法和营销策略。因此幻冬舍的市场战略必须不断推陈出新才行。

虽然幻冬舍如今气势正旺，但没有什么所谓的远景啦。我只是继续活下去。如果把我的自卑感和丑陋外表也计算在内，我的生活态度就等同于我的工作。在我的人生路上，有拼命挣扎的苦闷，当我志得意满的时刻，在内心自我称赞‘这就是见城！’的同时，我所爱的女人也对我说‘你真厉害！’，只有这样才能让我摆脱寂寞。而这就是幻冬舍啊！

说实话，我不知道自己将来会有什么变化。从这个角度来看，幻冬舍的经营型态也会跟着改变，因此我无法预言幻冬舍的未来啊。到底会成功还是失败，至今还无法下定论。然而，只有死亡这件事情是众生平等的。我希望在自己咽气的刹那，可以对自己说，我总算没有虚度人生，然后含笑九泉。而在此之前，那些只是生命中的过程。无论你是在乡下默默无名地平静度日，还是你多么富裕、多么有权力和名誉，唯有在死亡那瞬间，才能论断你这一生的成败。

现在，幻冬舍对我而言十分重要，所以我会拼命战斗，但我无法预估明年或后年会有什么变化。说不定我会为了心爱的女人，毫不吝惜地抛弃一切，来个私奔大逃亡呢（笑）。

我在少年时代觉得自己很丑，为此受到负面情绪的折磨，现在心情也没有变化。我认为人的性格不大容易改变。不过在现实社会中，我多少创造出令人刮目相看的销售数字，因而表面看来我好像自信满满。尽管我的自信增长不少，但是内在想法并没有改变。对我来说，重要的是把我所激赏的作品出版成书，以及受到所爱的女人的关爱。若两者皆空，活着就没有意义。

两个心灵的休憩

我小时候电视上有一出美国电视剧叫做《Mister Ed（艾德先生）》。

"♪马会说话/怎么可能/真的，但是它只和我说话/只跟它真正喜欢的人说话/I Am Mister Ed♪"

这是一出电视喜剧，节目一开始会先播上述的主题曲，然后随之展开故事。身为上班族的男主角，一方面要构筑幸福的家庭，一方面又得面对充满烦恼的颠簸人生，恰巧他拥有一匹只对他说话的马儿。故事主轴描写男主角与这匹马之间温馨而苦闷的友情。这出电视剧每周上演一集，是我当时最大的娱乐。

男主角只要碰到困难就会到马房去，对着自己饲养的马说话，一开始总是他单方面诉说自己的痛苦，但是有一天，那匹马突然开始说话，还和男主角畅谈人生。

我妻子提议养狗的时候，我立刻回想起那出电视剧。

我心想，既然要养宠物，我就选了脸和马有几分神似的喜乐蒂牧羊犬，很快地决定把它取名为"Ed"，而且它还得是只公狗才行。

就这样，两个月大的 Ed 来到我们家。

此后七年，我每天对 Ed 说话。Ed 啊，也是我生命的重要支柱。看来现在它大概懂得我的话意了。不，应该说我只是如此独断地深信着。

总有一天，这家伙也会像那出电视连续剧里的马儿说出人话，而且只对我说呢。我始终这样相信着。说不定哪天它会突然开口对我说："见城，你想太多啦！"（笑）。

因此，无论工作或人际关系、身体状况或甚至打高尔夫球的烦恼，我全都告诉 Ed，没有丝毫隐瞒。不过它现在还没办法回答我的问题。我只能透过它微妙的表情变化和动作，来推敲它给我的回答。

每天早上七点左右，我房间的门外就会传来微弱的声响，然后门会被推开，在此同时，我感觉到好像有什么东西突然冲进来，于是从沉睡中醒来，心里正在想，你来啦！不一会儿，Ed 就会跳到我的床上来，然后先用它的脚轻轻地骚弄我的脸庞，或者开始舔吻我的耳朵，一直舔到我的脖颈。总之，它是在向我提出邀约，要我快点起床，一起散步去吧。

假如我还是不理它，它就会放弃，然后往我被窝里钻，呆在我的屁股后面，再陪着我小睡一下。不过我多半会起床，随便洗把脸，扒开惺忪的睡眼，准备带它出门散步。

它知道我妻子绝对会赖床，所以根本不往那房间看上一眼。平常都是我带它出门散步，所以它只会来缠着我，在我床上跳来跳去，好像在说，你快点给我起床！

一走出大楼的玄关，它便立即走到它最常去的灌木丛边，先来一泡早安晨尿，一副很舒服的样子。

幸好我家附近公园很多，散步的路径有很多选择，相当方便。只要路上没什么行人或车辆，我便会解开狗链，让它自由行动，至于散步路径就由我们两个当天的心情决定。

与其这样说，不如说我们是靠彼此的默契往同一个方向前进。

我们最常走的路径，是从新宿中央公园绕着都厅走一圈，就连小歇片刻也是坐在固定的那张长椅。因此我们稍不留神走散，它也会先坐在长椅上等我回来。

当早晨的阳光洒下，我一面眺望着新宿副都心林立着的熠熠生辉的高楼大厦，一面对着 Ed 说话。那里是我唯一可以诉苦抱怨的地方，亦是我吐露心事的唯一时刻。

或许凑巧经过的路人们，若听到我对它说话，会觉得全身发毛，但对我来说，只有在这个时刻我才能暂时得到心灵上的安详。

我坐在那张长椅上感受着季节嬗递的无常，想像着在季节渐深的路上无数行色匆匆的路人们如何生存的模样，思考着今后将如何拼搏下去。就这样，我每天向 Ed 吐胸抒臆，日复一日，转眼间已过了七年。

对我而言，这就是所谓的生活。

那些日子里，充满各种难忘的回忆。

Ed 八个月大的时候，我们把它送去训练。我原本反对，但是妻子说，从长远来看，这样对 Ed 比较有帮助，于是接受妻子的意见，选择了一个为期三个月的训练课程。

事实上，我们刚请室内设计师来装潢过的家里，壁纸和家具全被 Ed 咬得惨不忍睹，地毯上也总是留有它漏尿的痕迹，每次我们把它单独留在房间里，即使只有一个小时，它便觉得孤寂难耐。

虽说要和它分开三个月让我很难过，但是为了它回来以后，可以和我们更愉快地生活在一起，我总算下定决心把它送去受训。那家训练宠物的店每个星期会安排一天让饲主看着宠物受训，才刚把 Ed 送去训练，我便开始盼望与它会面的日子，总觉得那天格外遥远漫长。

由于寄放 Ed 的店四面都是玻璃墙，因此我一下车就可以看见店内关在小笼子里的 Ed。

我开门进入店内，Ed 仍蹲在笼子里，没有发现我的到来，但它与我四目交接的瞬间，它站起来呆呆地看着我，然后就尿失禁了。

最后我付了三个月的训练费，但是只过了一个月，我就把 Ed 接回家了，然而 Ed 那天失禁时的表情，至今仍深深烙印在我的脑海中。世上有这么一个"存在"如此地需要我。而这个"存在"竟然能让我的人生苦海变得有意义。

就这样，我今天也和 Ed 出门去散步。一如往常，我们在同样的公园，坐在同一张长椅上，对它倾吐心事。我相信就在今天，Ed 会奇迹似的对我说："I am Mister Ed。"

梦境般美好

　　1993 年 11 月 12 日，幻冬舍在出版界一片唱衰声中登记成立，那一年 12 月 5 日我捎信给内田康夫，至今我还保留着那封信的草稿。当时，我非常希望内田先生能将他的小说给我们的新公司出版。

　　"一直急着想拜读您寄来的《箱庭》一书，但返回东京后，却因为感冒发高烧而病倒，之后慌忙处理和各经销商最后合同的相关事宜（这些事情相当麻烦），这个周末总算有时间一口气看完您的大作。

　　您透过一个人的生命重担和其对生活的感受，描写政界和财团的丑恶，以及受这些丑恶事件牵连的平民百姓们的梦想、悲哀和愤怒。此外，您还揭发了包括警察内部纠葛在内的多重权力结构。您这几年的工作实在很令人敬佩。

　　另外，正因为您有能力触及人们无意识底层的核心问题，而将日本流传数千年的信仰和仪式，神话和传说等，时而以象征的方式表现，时而作为故事背景，极具独特的故事性。我总觉得您这样的生花妙笔，与现代日本的现状交互作用，将形成日本独具一格的新小说风格。（中略）

　　我想像着，在不久的未来，您将会更明确地从时间＝自然＝差异＝故事，这种残酷而无法脱逃，但又支配丰富宇宙中万事万物的枷锁中挣脱出来。届时，我希望能以编辑的身份与您合作。（后略）"

我的愿望成功地打进内田先生的心里。

来年三月，我又写信给内田先生。我们出版社当时连一本书都未曾出版，他却爽快地答应将他最新的作品交给我们出版，因此我写这封信给他，表达我的感谢之意。信中内容如下：

"前些日子承蒙您拨冗相见，实在非常感谢。

与您见面的那天晚上，我深刻地感受到成立出版社并开始自食其力的喜悦。对照自己下定决心离开角川出版社前后那段日子，我所感受的压力和痛苦，与您见面的那一夜简直如梦境般美好。

拜读内田先生最新的两部作品，让我有一种强烈的感受。这种感受绝对无法在当代重视自我的小说里找到，那是一种穿越遥远时空才能得到的快感和悲哀。（中略）

几乎没有任何小说，可以让我如此印象深刻，还将它溶进血液和细胞的遥远记忆里。现在，我确信内田先生和小泉八云的相遇是必然的，也相信《在繁花盛开的树下》这个标题，预示着热烈话题的前兆。

在繁花盛开的树下许愿，哀悼春天远去，阴历二月月圆时。

万物都将归于尘土。不管是人类还是小说，都将回到宇宙的根本。这些图像交迭出内田先生小说的独特意象。（后略）"

很幸运，幻冬舍第一次出版内田先生的小说《在繁花盛开的树下》，恰巧又是其第一百本小说，可以作为内田的百册纪念作品上市。

在庆祝的宴会上，身为新人社长的我，竟得以代表在场的出版同业发表感言，当时的感动至今我仍铭记着。因为那个时候，我下定决心无论碰到什么困难，都要坚持到底，维持幻冬舍的营运。

从那以后，又经过了十二年。

三年前，幻冬舍的股票在 JASDAQ 证交所上市，去年连续出版内田先生的两部作品《风中拖盘狂想》和《恶魔的种子》，引起热烈的讨论。

这一切都从那封信开始，而我当时在信中所写的感想至今也未曾改变。

不管是人类还是小说，都将回到宇宙的根本。

我衷心期盼，每次与内田新作相见，我除了以出版社经营者的身份与内田先生洽谈，还能永远以编辑的身份与内田先生合作。

此后，幻冬舍更联合偶像明星、传奇歌手、笑星会社、重量级作家，以破除世界行规、超越编辑常态的做法，截至 2007 年，于 14 年中策划出版 14 本百万级别畅销书，成为日本史上难以复制的传奇。

第三章

出版者症候群

迷　失

一

倘若我现在计划出版一本书。菊三十二开精装本的单行本。初版印量一万本，因为我对这本书很有把握，认为它有这个销售量。结果六个月后，退书总共四千八百本。

这种事情屡见不鲜。然而，编辑们看到这样的数字，真有感受到退书的严重性吗？我甚至怀疑到底有多少编辑会如此认真地面对自己提案最后竟演变成排山倒海般的退书？而且越是大出版社，这种情形越多。

退书四千八百本是多么严峻的事实！它背后还牵涉到公司已经支付的印刷费、制书费、版税、装订费、校正费、宣传费、仓储费，还有编辑的薪水……

赔钱。

这就是自己企划出版所需面对的残酷事实，容不得你找任何借口推卸。

在赔钱这个严酷现实的前提下，无论是编辑提案时撰写的出版目的，抑或出版后销售成绩欠佳的各种借口，终究只是美丽的托辞。

像"对文化颇有贡献"、"要开拓新市场"、"内容精彩"、

"良书问世"、"这本书为书市掀起波澜"、"这本书出版意义甚大"、"多出版好书"等等，这些都是编辑们偏好的借口，但对读者来说，反正卖不出去的书，即是无用的商品而已。倘若这些借口用在损益两平的情况，还情有可原，否则只是胡说八道。

总之，世上有太多编辑自恃甚高（其实何谓高水平根本没有标准可言）。

我离开角川书店成立幻冬舍后，每次有人访问我的时候，我便痛切地觉得，那些对"出版社＝编辑"深信不疑的人，实在有够愚蠢！

倘若不能跳脱世上这个"出版社＝编辑"的刻板印象，就无法彻底摧毁那些愚蠢编辑对出版的迷失。

白纸黑字的销售数字才是铁铮铮的事实，其他的都只是幻想，这样的金科玉律，那些蠢蛋却无法理解。

我只在乎一个事实，那就是白夜书房的藤胁邦夫终于写了《出版迷失论》。

我和他的交情大概有十年之久，书籍流通的最前线是书店，而他跑遍各个书店，用自己的眼睛和耳朵收集到信息，总是对我的关键决策帮助良多。从他嘴里连珠炮似的流泻而出的言辞，帮助我推出许多畅销书。说来这是理所当然，因为他是一个勤跑各个书店的超级业务员。

而且他只陈述事实。

他的信息原本是我的秘密武器，现在他竟然要将那些信息向大家公开，这对我来说可是惊天动地的大事。

不过，这或许是时代的趋势。

糟糕，早知道他要这样慷慨公开，我就应该在他最喜欢的

"养老乃泷"（译注：平价餐厅）餐厅里，用更丰盛的佳肴招待他才对，现在已经追悔不及了。

假如把出自藤胁邦夫那张怪模怪样的丑脸，以及那连珠炮般滔滔不绝的话语，巨细靡遗地记录在这本书里，借此将出版界拖出窠臼带向新境界的话，那么我这点微不足道的自私想法，就变得完全不重要了。

毕竟，藤胁邦夫写《出版迷失论》具有双重的风险，公开他手中的信息即是莽撞的举动，而且这本书上市后能否销路通畅，对他都是严峻的考验。

二

书卖不出去，责任不在我。

我觉得出版人的这种"惯常心态"，才真的是"胡搞"。

从成立幻冬舍以来，我的行事风格始终如一，总向媒体或社会大众丢出惊人之语。例如"你竟然没听过夏目漱石！"以标榜自己的随兴和莽撞。事实上，在经营出版上我自认非常认真而细心。夜郎自大地说，我在经营人际关系上可是非同小可，而且我对此感到自豪。我和作家或写手们的情谊绝非普通编辑可比拟。创作这种东西，绝不是现代化科技能够取代的。正因为这个世上仍然有科学、医学、药学、计算机或电子学无法解决的问题，才会有文艺创作的存在。因此，如果找医生打针可以把病治好，那就去找医生。正因为医药没办法完全治疗心病，人才想要创作。而我们身为编辑或出版人的工作，就是设法提供这些创作者协助。无论是作家或音乐家，抑或是默默无名的新锐，我总是会与他们在同一阵线交手。借此让他们把内心的秘密，或者正感到困惑的烦忧书写出来。以我的做法，假如他们内心存在着伤口，我就朝那里开刀，即使他们百般痛苦，仍会要求他们写出来。做到这个程度，作家们才有机会能将自己最真实的内在生命呈现在世人面前。对我来说，与作家交手的重点在于，你是否愿意深入对方的内心来个近身肉搏。若无法在对方的灵魂深处激战，就无法成就精彩的创作。从事这个工作就得遵循这个法则，才可能有所成就。毕竟我们的工作是将人的精神活动制作成商品（书籍），说来是个非常捉摸难测的差事。以《弟弟》一书为例，我若跟石原慎太郎没有任何交情，而要请他写这本书，再怎么劝说他也不会答应。我向来是石原慎太郎的忠实读者，对他有某种程度的了解，加上我们有二十多年的交情，以这种关系和背景做基础，才可能发展出"我就相信见城的说法，试着写写看吧"这样的结果。作家们可以透过书写而得到治疗、救赎和解放；正因为他们在书中传达了这种讯息，才得以打动读者。至于"因为有此宣传效果，那本书才会畅销"的说法，都是事后诸葛亮。其实，每次与作家交手的时候，自己的生命态度都是受到质疑，而他们也会显现出自己的真性情与缺点，因此编辑必须透过这样的内在激荡，才得以将人的精神产物转化为商品，毕竟人的精神产物是有生命的。所以啊，我们身为编辑想要让工作进展顺利，除了抱着必死的决心恳求作家之外，别无他法。我只教导属下一件事情："倘若你不愿意与作家分享你人生中的重要大事，那么你不仅无法说服作家，也不可能让他们为你做任何付出。"确切地说，我要他们用自己生命的重量和作家交往。与作家交手没有什么诀窍可言，非得自己用心体会不可。如果自己不愿意对人家掏心掏肺，双方的交流就不会有结果。编辑不吐露自己内心的纠葛，却要作家只对你这家伙裸裎相见，简直是天方夜谭！我认为这是人际关系的根本。当我计划赢得某位作家的青睐，我就会赌上我的生命彻底付出。彻底阅读对方的所有著作，花一整个星期的时间，将我的请求化为文字，大约写满十张信纸。我告诉自己："对方读完这些信，还能不答应我的请求才奇怪。"

出版界人士说："文艺相关书籍不赚钱、书很难卖，社会读书人口锐减是主要的原因。"他们还说现在出版业不景气，也是肇因于严峻的经济环境。现在"编辑也必须了解读者和市场，成败的真正关键在于编辑能否拥有业务员的敏感度"竟成为出版界的通用说法。我则想说，发什么神经病啊，事情才不是这样。书卖得不好，完全是出版界的责任。正因为无法用生命和作家坦诚交流，才制作不出打动读者的好书。出版社甫成立不久，我便决定在报纸上刊登全版广告，无论是让《Daddy》一书成为惊爆独家内幕的媒体，而且初版就印五十万本；或是幻冬舍文库一口气就推出六十二本新书抢攻市场，都是我莽撞行动的壮举，而且还成功地创造出百万畅销书和经典好书。所以说书籍卖不出去，和景气没有绝对关系吧。把书的滞销归咎于景气低迷，这种想法才最有问题。换句话说，将这种想法视为理所当然而不知自我检讨的编辑或出版人，他们那种消极心态才是问题所在。毋庸置疑，编辑当然要有业务员的敏感度。成败的关键通常取决于这种显而易见的事实。依我看来，出版人和编辑不能面对现实情况，并负起自己应负的责任，还为如此狼狈的自己辩护，才真的是鲁莽有欠斟酌，等到自己变成那种不问何种原因造成眼前的局势而默默承受的人，甚至将有欠斟酌的常规奉为圭臬，那才真的是为时已晚，因为那些常规早已跟现实严重脱节落伍。要突破这种消极的常规，必须加倍鲁莽才能成功，因此我和幻冬舍只能更鲁莽地冲撞原有的常规体制，毕竟以其人之道还治其人之身才有胜算。"初出茅庐的新手，若不敢鲁莽冲撞，还能妄想带来什么改变吗？"这句话所指的闯荡，并不只是单纯地代表我们公司在出版界的鲁莽闯荡，而是鼓励大家要勇敢冲撞那些不负责任的常规陋习。我认为事物的本质就是日新又新，而只有在我们愿意用生命全心去追寻，事物的本质才会昭然立现。这个道理并不只局限在如何冲高书的销量，一个社会同样必须以这种认真的态度运作，才有可能进步和开创新局。我就是抱持这种信念在经营出版事业。

终点的路标

一

有胆量就跳冰海吧。

今后我将更奋力以各种莽撞的手法，打破"陋习常规"。

我时常诘问自己：人会因为什么事情而狂乱失控？又因为什么得以冷静自持？这是很重要的课题。我们生活在没有战争的年代，因此我所经历过的最大事件就是学生运动。我没有办法像奥平刚士那样，如此壮烈地牺牲自己。所谓的理念若无法通过现实的考验，终究没有任何意义。而每个人在现实世界里，能否坚持自己的信念，正反映出他的思想本质。而我的自卑感就是不断诘问自己："你这家伙，怎么能如此厚颜无耻地苟活到现在啊！"我没有资格与西蒙娜·韦伊（译注：1909－1943，法国 20 世纪的伟大女思想家）说的"只要地球上还存在不幸的人，我就无法得到幸福"相提并论，我只能在前述自卑感的纠缠下，与活在这个资本主义社会中的自己妥协，并维持表面的和平，尽管我对这种妥协感到恶心，我还是得在这种自我厌恶中继续苟活下去。虽说我时常在内心诘问自己，为何不敢坚持自己的理想，最后竟还是只能过舒服的日子，只敢呆在安全的地方。基本上，我没有勇气把自己置于险境。而为了弥补我心中的空虚，同时也因为不肯认输，我才会与现实社会大唱反调，喊出"再贵也非买不可！"或是"有胆量就跳冰海吧！"这类耸动十足的广告文案。

我曾经向同仁们发表"奋战宣言"，但从用词即可以看出，我根本自以为还活在学运时代，让我很难为情。总结地说，我这个人只能在无聊的自我膨胀和自我厌恶，或者说优越感和自卑感的"夹缝中"才能思考。其实，我不写那些耸动的广告文宣，新公司照样可以正常营运。那些狂妄的念头全来自我那不安分的自我意识。因此若有人说我那些语出惊人的作为，简直是在自慰嘛，或许也说得通。但是正因为我自慰，我的精子，或是我的细胞才会充满活力，这些充满活力的东西，促使我写下那些耸动的广告词。而这就是我，我就是这副德性。我成立了幻冬舍，为了向世人宣告"本人在此"，我表现得骁勇善战，还大言不惭地说，不扛起自己应负的责任，勇敢面对现实里的家伙，还能开创什么新局。在此，我要坦白告诉各位，其实我也有只要能卖钱什么都无所谓的念头。因此我才说我这个人其实就是在"夹缝中"才能思考。70 年代我曾经读过安部公房的《终点的路标》，直到现在我都还能倒背如流。我记得其中一段这样写道："寄亡友。竖立一块纪念碑吧。为了让你可以不断地将故乡的朋友一个个杀死"。这里所谓"故乡的朋友"，对我来说，就是我在商业主义的环境中，为求生存而持续尘封的、那些我参与学运时稚嫩的自我意识，以及与奥平刚士心灵相通的部分。然而，我若不将那些东西贴上封条，就无法活跃在这个商业主义的环境里。这才是我的真面目！而我现在的所作所为，只不过是与商业化的自唱反调。所以今后我也会更奋力挣扎，继续莽撞下去吧。而且我要不断反复地采取比不用大脑的鲁莽常规更加鲁莽的方式去突破现状，坚持毫不保留地曝露自己的贪嗔爱憎，"就算被人误会也无所谓"。

<h1 style="text-align:center">二</h1>

3月25日，幻冬舍最初的六本单行本即将出版。看过这六本书后，您就会明白，幻冬舍是以文艺作品为主的出版社。一般认为文艺书籍的盛况已不复当年，但我们选择进军这个市场，早已做好心理准备。我们认为衰微的不是文艺书籍本身，而是各出版社在文艺书籍方面的编辑实力。换句话说，在大型出版社垄断市场的情况下，出版社推出的书籍，根本就枉顾作者和读者双方内心的鼓动和情感？出版社的编辑们对呕心沥血内心充满纠葛，渴望创作的作者和广大读者的心声，是否太置若罔闻？日子是否过得太安逸？事实上，每次想到自己竟然守护着大出版社的招牌，远离犹如芒刺在背的痛苦，总是推出保证有市场的所谓安全的书，就忍不住作呕。

我很想再回到起点，再次接受挑战，哪怕跌得粉身碎骨也在所不辞。幻冬舍就是抱持这样的理念出发的。反过来说，幻冬舍就是为了每位员工在遭遇人生问题时，都能持续突破自我的困境创造新局而成立的。

我们现在一无所有，却因此而感到心情舒畅。我们也不受出版界的常态束缚，因此无论是打史上最大的战役，或是小规模的游击战，我们都可以自由地战斗。

在激烈的战斗中，我们将持续为读者推出各种优秀的文艺作品，让作者的想法能鲜明地传递到读者心坎里，全希望借此能量改变世界。

文艺元年 3 月 25 日。幻冬舍能否在历史中创造新契机呢？

三

幻冬舍成立以来，改写出版界的纪录，出版不少销售达百万本的畅销书，业绩持续成长。然而，若以此自满安于现状，注定走上失败的道路。因此，就是要在最成功的时候，埋葬所有成果，朝向新的未知迈进。必须调整脚步，往危险的方向大步前行。

我从四年前就开始计划要将幻冬舍的股票上市。因为我想要从只仰仗物流制度，不求与时俱进的出版界跳脱出来，也想提升自己的高度，让自己更接近已跳脱出原有框架的坂本龙一……

在出版界安逸惯了的业界人士，总是感叹当今这个时代很难把书卖出去。他们认为因为有 Book Off（译注：大型二手书连锁店），所以书卖不出去；因为有图书馆，所以书卖不出去；年轻人完全不想看书，所以书卖不出去。书籍的物流制度落伍，所以书卖不出去。我觉得那些理由全站不住脚。

相反，也有人是因为旧书店或图书馆的关系，变得喜欢阅读，进而开始走进书店买书的吧。若抱怨年轻人不喜欢看书，那因特网和手机的电子邮件何以对大众的日常生活造成这么大的影响？出版业界不正是因为受到落伍的物流制度保护，才得以苟延残喘至今的吗？在我看来，正因为是这些人自诩为文化事业推手的傲慢意识作祟，才是书籍滞销的主因吧。他们若抱持努力"制作更有趣的书"的心态，必定能创造销售佳绩，但他们偏偏逆向而行，难怪书籍卖不出去。

现在，我要再次让幻冬舍从零开始。将股票上市，跳脱出版界的框架，与新力和丰田等大公司一起竞争。股票一旦上市，今天的一举手一投足，都会反映在隔天的股价上。如此一来，会计账目就不能马虎，因为公司已进入众人监督下的世界，而那里还有更巨大的市场，等着我们开发。与其当一只放牧在山脚下安然吃草的肉羊，我宁愿当一头总是被饥饿折磨而张牙舞爪随时伺机攻上山顶的捷豹。永远不满足于现状，努力寻求新天地。

壮　举

一

《Daddy》初版就印五十万本可说是不容失败的壮举。不论是把不具时效性的单行本书籍化身为独家内幕的媒体，或是公司成立第三年就闯进文库本的市场，都是打破惯有常规的冒险。

当初，决定印五十万本之前，我并没有多少犹豫。因为乡广美这号人物，在演艺圈里闯荡超过二十五年，堪称是超级长青偶像人物。这个日本演艺界的巨星，因为无法接受离婚的事实而深受折磨的情景，我全看在眼里。他离婚那年恰巧是我和他认识的第十年。在那十年期间，我从未拜托过他任何事情。之前，无论是尾崎丰、坂本龙一或松任谷由实的情况亦然，只要他们提出要求，我无不据实照办。然而，倘若我希望他们帮忙完成某些工作，即使我只需要略尽本分，最后我还是会全力以赴。这是我工作的原则，无关乎对象是谁。很久以来，我就不断地观察着乡广美，思考着我要在何种时机，用什么样的言语出击，让他答应与我合作写书。我们相识的这十年间，相信乡广美心中也有什么企划。可是我始终佯装不知。后来，就在他无法接受即将离婚的事实深受折磨的时候，我终于向他出击。对我而言，那是我手中唯一的王牌。尽管这毕竟是商业行为，但在写书过程中对他却反成救赎。他打消离婚的念头。但是在现实状况下，他必须客观面对离婚这个现实。最后他选择以书写来面对。我深信《Daddy》绝不是应时流行的话题书。确实，这本书是透过炒作话题的营销包装，所谓在短时间内大为热销，亦在霎时跟着全面消退。然而，至少它描写的仍是男女相遇陷入热恋、结婚成家，最后离婚的故事。这是个在各地都可能发生的单纯而普遍的故事。乡广美在写书的过程中，逐渐学会如何妥协与互动，态度非常认真。在此我承认，他在写作上有不少地方没能完美地表达出来，容易让读者产生疑惑。在编辑过程中，我经常对他说，这里改动一下如何？可是他很顽固，就是不愿意修改。或许这就是乡广美的特色吧。所以我让他在书中完整地呈现自己，包括他的自卑感、他想掩饰的部分，以及肤浅的和有深度的部分。我正想借此告诉读者，这本书绝不是捉刀代笔，全部出自乡广美的文笔。从这个意义来说，我认为这是一部出色的作品，不管别人如何评论它。

　　如果用比较江湖味的说法，人家那么痛苦地对我掏心掏肺，把所有的心事都写出来，托付给我的作品，我怎么能只印个五万本、十万本就把他糊弄过去呢！这可说是我和他在感情上的约定，亦是一种情义。另一方面，乡广美和二谷友里惠这对夫妻很有亲和力，是日本国民公认的幸福伴侣。他们的结婚典礼创下史上最高收视纪录，至今还无人能敌。这对夫妻现在竟然闹离婚，而且先前完全没有任何征兆，媒体也完全没发现任何蛛丝马迹。依我之见，倘若单行本这种非高科技、信息更新较慢的媒体，可以抢在以时效性为卖点的电视和报纸之前，提供独家内幕，那销售量绝对不只有十几二十万本。以《Daddy》这

壮举

本书的话题性来看，应该走女性周刊杂志的营销路线，至少销售量的推估可以借鉴女性周刊杂志的印量。此外，电视上的综艺新闻节目不管什么事情，甚至生活上的新闻，都会被他们纳入报道的内容，到时候一定不分早上、中午、晚上三个时段，报道焦点全会集中在这本书上。基于上述三个理由，我决定初版就印五十万本，过去同业从来没有在单行本初版就一口气印五十万本。然而，我觉得这个做法可行，才会做出这个决定，所以我并不像外界传言的那么不安。出版界的常态是初版大约印个六千本到八千本。因此，五十万本的印量是前所未见的。正因为如此，我们更要使出前所未见的大手笔，同时让这本单行本成为惊爆独家内幕的媒体。这么一来，"初版就印五十本，真厉害"就成了我们独创的招数，让出版这本书变得更有意思。幻冬舍文库创立的时候，我们也抱持着类似的想法。我们要以创业满三年的新进业者之姿，在竞争激烈的文库本市场后来居上。我时常在思考，初来乍到的新手，究竟要如何出招才能立于不败之地呢？在我们之前，最后一个大型出版社大手笔进军文库市场的是光文社，他们一口气投入六亿日元资金，推出三十一本文库本的新书。因此我们就加倍投入十二亿日元资金，一举推出六十二本新书。六十二本新书上市的同时，我们还配合打出这样的广告文案："初出茅庐的新手，若不敢鲁莽冲撞，还能妄想带来什么改变吗？"这个文案和当时幻冬舍的状况完全符合，那番话既是对自己说的，同时也希望它能达到宣传效果。事实上，我对那六十二本书很有信心，才会推出它们打头阵。《Daddy》的情况亦然，我认为印五十万本有胜算，才会印五十万本的呢。《Daddy》上市第二天，再加印三十万本时，我也没有丝毫犹豫。有些尖酸刻薄的好事者说，届时肯定退书成堆啦，以及有的没有的鬼话，可我们几乎没有收到任何退书，总计一百万本书几乎全部卖完呢。对我而言，出书如同作战。有关要引发什么样的边际效应，如何做宣传，动员哪些人员，才能扩大书籍的普及率，在这方面我可是成竹在胸。《Daddy》应该怎么营销，换成是《大河涓流》又应该改用什么宣传模式，我早就有自己明确的营销策略。

<h1 style="text-align:center">二</h1>

作家那种非写不可的想法，若与隐藏在社会最深层的脉动相契合，就能引起共鸣。这时，社会大众最关注的问题才会显现出来。

一个作家无论如何都想写小说的动机，通常自出于某种无可奈何的迫切感。这个念头应该是极端个人的，完全属于他自己，如果这个想法可以和发出社会底层的某种危机感相契合的话，这本小说必定能唤起同情和共鸣。毕竟，在很多的情况下，所谓契合是在触碰到人类最深层的幽暗心理后才显现出来的。我的目光始终关注着这种生命的契合，同时也因为通晓和得以掌握这种契合而自豪。目前，我们公司出版的《永远的仔》非常畅销。这是一本有推理情节的小说，描写在儿童精神科病房认识的一个少女和两个少年。这三个孩子从小都曾受到家人虐待，各自留下严重的精神创伤。作者透过这三个小孩的遭遇，深刻探讨家庭和人性以及血缘的意义。在《永远的仔》一书中，作者传达出这样的讯息："别害怕，活着是件好事。"向那些即使想肯定生命意义却无能为力的故事主角们，传达他对生命的肯定。生活在执政党和在野党政治恶斗、股票跌升、土地或银行存款难测、价值严重瓦解的时代里，人只能在当下为所当为。而正是在这种情况下，在最原始的群体形式中，人们才会发出最严峻的诘问：亲子关系？兄弟？抑或夫妇？要说最值得依靠的就数血缘关系，但令人存疑的也是血缘关系。倘若人类只要有血缘即能和睦相处的话，社会问题必定减少很多。在与作者合作写书的过程中，我都把它锁定在与亲情血缘关系的主题上。例如《两个人》讲的是夫妇之爱、《弟弟》谈的是兄弟情谊、《Daddy》说的是父子以及夫妇关系，而《血与骨》则是以父亲为主的家庭故事。就连书名也是我特意所取的。夸张地说，我连在睡梦中也在思考要请谁写书呢。我希望作者描写人性的彷徨，它是人类最脆弱的部分。当我关注的焦点和写作者的动机相吻合，而写作者也想写作时，就可以准备出书。因此，这几本书或多或少都点出社会底层的幽微心理。有人说，幻冬舍编辑的书"让人发现自我存在的价值"，这说法多么铿锵有力啊！《大河涓流》这本令人从极端负面思考出发的单行本早就热卖超过百万本，最近推出文库本同样畅销，第三天卖出四十万本，第五天就卖出五十万本，销售量很快就有望超越百万本。如果说幻冬舍已创造出一个文艺空间的话，那么使人发现自我的存在价值，正是文艺的本质之一。

三

野性文库是我针对民主主义思考后规划的。我们若不能接纳"人生百态"的多样性，并积极与其联结便无法展开出版事业。

　　任何人都有其存在的价值，但是有些人的存在违背了社会的规范和限制。我认为从事写作的人，内心多少都怀抱着一股跳脱社会规范的冲动，也就是所谓的边缘性格。因此我出版以边缘人为主角的纪实文学或小说的野性文库，正是出于这个立意。野性文库成立之初，我思考的是民主主义的课题。民主主义只不过是一种规范，一种限制人类的冲动和内在情绪表现的规范。对受惠于民主制度的人而言，它是一个很好的制度，但是对受其限制的民众来说，民主制度亦有"龌龊黑暗"的面向。吉本隆明曾写过一首名为《反祈祷歌》的现代诗，他在该诗的最后三行写道："世界正在祈祷/贫民并未因为和平而受到眷顾/但是希望他们爱好和平"。这里的"世界"应该可以解释为"制度"。生活在这种制度底下，有三种情况非常不利：没有登记户籍的流动人口；比如像是赌棍和赌徒之类，或者生活在阿佐田哲也的《麻将流浪记》（译注：二战后著名的娱乐小说）描写中的那些底层人物。接着是，大薮春彦作品中象征的那种无限制的暴力。最后即是变态的快乐，例如团鬼六（译注：日本著名情色小说家）的世界。事实上，快乐没有所谓的正常或异常，但因为要维持社会团体的秩序，才把它们做这样的区分。野性文库出版的作品包含上述三种范畴，但愿它发展顺利。每个人生活在这个世界上，有时自己的某些想法会与社会价值观对立，但为了继续在群体中安稳度日，就必须刻意隐藏不见容于群体的欲望与本能。例如有些男人天生只爱男人，有些人非得杀人才会觉得快乐，也或许有些人想和狗交媾。问题是，在现实生活中这些行为都被视为离经叛道。因此有些人透过文字创作来抒发内心的郁闷，并借由书写使自己获得救赎，设立野性文库的本意就在于此。

身为编辑总是要面对作者严峻而尖锐的诘问，比如你如何奋战不懈打拼过来的？因为你只能与带着各种内在冲动的作者们这样交往互动。举例来说，兰波这位诗人，有一段时间放弃写诗跑去从商，假如无法用心体会兰波放弃做诗的原因，就没办法理解这位诗人。毕竟人有很多面向，例如既会写诗又能够经商。又比如早上才刚杀了一个人，中午看见溺水儿童却能立刻跃身下水救人，"这就是人的诸多样相"。编辑若不能全面认真看待这些事实，任何工作都不可能有所开展。我们出版界的发展，完全取决于我们如何与广大读者的互动。毕竟，读者群中的丰富多彩，已经远超过我们所能理解的范围。

王　牌

　　我认为编辑必须为每个作家设计三张王牌。以石原先生为例，第一张王牌就是他的弟弟石原裕次郎。我希望从未写过私小说的石原慎太郎先生，可以描写与他血浓于水的弟弟，让读者窥见石原先生的内心世界。我也曾经想过，若在他如同平民之星的弟弟十周年忌日时，打出这张王牌，这本书应该会掀起销售热潮，但是这些细节不必对石原先生交代得那么仔细。这张王牌在1996年透过《弟弟》那本书，发挥了充分的效果。

　　我为石原先生设计的第二张王牌是"政治家中川一郎之死"。我希望石原先生可以透过文字告诉我们，为什么中川一郎非死不可。因为我从编辑的角度来看，石原先生从出版其代表作《太阳的季节》和《处刑的房间》以来，一直以"丑恶观念"作为其撰述的主题，既然他现在身处政界，若不能写出现实的丑恶，就失去他从政的意义。

　　政治来自必要之恶，从政的人必须承认现实的残酷，逼使自己非得成熟不可。这就像是从小孩子变成父母，王子当上国王，少年成为男人的过程，中川的自杀或许象征政治的残酷。描写政界的内幕非石原先生莫属，只是他坚决表示，他死也不愿意提笔叙及中川的死因，他很可能将此事带进坟墓里吧。不过我还没有放弃，此后我还会继续等待机会，在适当时机向他丢出这张王牌，逼他写书交代这件事情。

第三张王牌是"老年"。这个主题非得叫石原先生来写不可。在《太阳的季节》表达其崇尚年轻奔放肉体的石原慎太郎，我希望他可以描写现实中肉体衰败老残的状况。同时期盼他能将老年人随着年龄增长，细胞逐渐退化，肌肉也不再结实有力的模样化为文字，写一本充满老年悲哀的小说。然而，石原先生却断然地说，他要正面迎击老年，因此只好请他改写成散文。2002 年时，《老年才是真正的人生》出版，算是石原先生对老年的正式宣战。

这三张牌不是普通的牌，必须是关键的决战王牌。我和石原先生已经有二十六七年的交情，可无论我们一起打高尔夫球、吃饭或泡温泉的时候，我无时无刻不在思考着"什么时候是丢出决战王牌的最佳时机"。幻冬舍成立两周后，石原先生到公司来打招呼，当他说"若需要我帮忙的地方，随时通知一声"，我心想，就是现在啦！于是立刻丢出一张王牌，所以《弟弟》一书就是这么顺利出版的。

准备和等待多年的王牌，非得掌握到最佳时机丢出不可呢！

那个最佳时机可能数年或者好几十年才出现一次。话说回来，即使你手中有再好的王牌，若出手时机不对根本就毫无用处。正因为这是费尽心思、绞尽脑汁策划的王牌，所以更得留意最佳的时机。而且你与对方也必须建立深厚的关系，让他在你丢出王牌的时候，因为"对方如此诚恳，看来我非写不可呀"而无法拒绝。我对每个创作者都经常备有三张王牌。夸张地说，倘若有三百个对象，我就为每个人各准备三张王牌。

九百张都要费尽心力的话，连晚上都不用睡觉啦。为此我患有严重的失眠症，因为即使已经上床睡觉，突然有个主意闪过脑海，我便爬起来把它记在笔记本上。大约八年前开始我患有耳鸣毛病，始终无法治愈，现在我的耳朵里正在嗡嗡作响呢。

通常我对于合作对象不论提什么要求，我都是全力以赴遵照办理。有时我只是请对方为我做一件事情，我同样付出百分百的努力。而我要在什么时候，用什么措辞提出我的要求呢？我时时刻刻都在伺机而动，希望掌握最佳的时机，丢出让对方无法拒绝的王牌。

1998 年出版的五木宽之的《大河涓流》成为那年的畅销书，他在后记当中，就曾提到过我所说的那个最佳时机。

有次我跟五木先生在饭后闲聊的时候，他自言自语似的说，在这个时代只能这样活下去。他一面喝茶，突然谈起中国诗人屈原的故事来。

"沧浪之水清兮/可以濯吾缨/沧浪之水浊兮/可以濯吾足。"

五木先生说完发生在沧浪岸边的故事，后来以"沧浪之水浑浊的时候"为题，写了一篇文章，他提及屈原的遭遇后，对我说："无论身处什么时代，都只能那样思索和生存下去啊"。顺着他这句话，我不假思索立刻响应道："既然如此，请把您刚才的故事写成书吧！"人际关系的累积和丢出王牌的时机，都需要不间断的努力，丝毫不得松懈，否则两者终究只是空中楼阁。

我和五木先生建立关系的起点也相当戏剧化吧。我不仅看完他所有的作品，而且每次看完一部作品，就写下感想寄给他。写到第十八封信的时候，他首度回信，写到第二十五封信的时候，我才终于有机会与他见面。我为了得到丢出王牌的机会，可以说是全心全意地向前冲刺呀。

因为我只懂得这个招术啊。今后，幻冬舍也将持续为过去无缘和我们合作的作家推出新书，到时候请大家拭目以待，因为那些书将证明我目前还是现役的编辑呢。

《Daddy》于1998年上市时造成轰动，而出版界也很认真看待此书在营销上的成功。至于这张王牌，那时候刚好是我和乡广美认识的第十年。这十年当中，他自己也提过很多企划案，可我认为那些企划并不理想，因而按兵不动。不过有次我们相约打高尔夫球，打得正起劲的时候，他突然说道："我妻子硬吵着要与我离婚，但我没办法接受这个事实，觉得非常痛苦。"

那时候，我就向乡先生提议，你何不把你们这对幸福代名词的银色夫妻档，从携手步上红毯到为人父母，以及最后却不得不离婚的事情始末坦率地写出来呀。

由于我希望这本书成为乡广美与二谷友里惠这对夫妻离婚的独家报道，因此在出书之前极为保密，而且此书初版就印五十万本，结果上市后大卖，三天后迅即增印，销售量很快突破百万本。这本非高科技的单行本成为独爆内幕的媒体，以及这本书几乎成为离婚记者会的替代品，都是营销上的成功，而我对此书的内容也很有自信。

虽说有不少人根本没看过这本书便说三道四，但我认为乡广美将男女相恋后共组家庭，最后却以离婚收场，这种俯拾皆是的恋爱故事写得很好。此书的营销手法确实非常耸动，但对我个人而言，乡广美也算是我的朋友，我真的很希望他能将内心的呐喊留存下来。我认为正是因为当事人毫不掩饰地将那所谓幸福家庭的瓦解过程，选择以文字的形式呈现出来，才获得广大读者的共鸣。

此书的书腰也是分别由不同的公司负责照相排版，严防

"乡广美离婚"这件极机密外漏出去，连这些小细节都是我的主意。

总之，我是个凡事做到周全、个性谨小慎微的人。不过，大家都认为我老是横冲直撞，侥幸赢得胜利。我向来强调新进业者不莽撞行事怎能闯出一片天；另一方面，我却又是谨慎到无以复加的地步，但直白地说，我只是故作"鲁莽"罢了。

幻冬舍成立时就推出六本单行本，并在《朝日新闻》上刊登全版广告，那时候确实是被批评为"行事鲁莽"呢。

其实我有自信那六本书必定会畅销，估计将带来数亿日元的业绩，足以抵消全版广告的风险支出，因而出此策略。《Daddy》初版即印五十万本亦然。公司创立第三年推出文库本时，也有人说一口气出版六十二本书，"如果失败的话，就会破产"。可当时从新书阵容到广告手法，我都已经做好万全的准备，丝毫不担心失败的问题。花田先生在《文春周刊》时也创造许多独家内幕，他应该可以理解，推案成功的满足感是无可取代的。

大家都说出版小说不被看好，但是《血与骨》、《永远的仔》和《通往天国的阶梯》等，似乎只要是幻冬舍出版的小说就能畅销。

因为我非常用心努力，我敢理直气壮地对读者说，这些作品都是为你们而准备的呀！我是个胆小懦弱的人，其实要把《血与骨》、《永远的仔》和《通往天国的阶梯》等书在报纸上刊登半版广告，需要极大的勇气。不过我对于好作品，通常都会加倍努力，全力做好所有的避险措施，才展开广告和宣传作业。虽说我对事情的运作仍有些担忧和惶然，但我就是不轻易放弃，说什么也要豁命而为。

王牌

殊　死　战

　　编辑必须先构思出一本书完成的样貌，但是尾崎先生与银色小姐这两个人，无论思考模式和创作方法都截然不同。在面对某个主题的时候，我只是凭着自己独特的直觉行事，不敢说自己做得很完美。现实生活中当然有许多局限，但如果有年轻的编辑有此志向，希望以我为榜样，为此努力不懈的话，我会回答说，不可能再创下我在工作上的优异表现。我现在五十二岁，而我过去都是凭着自己的直觉一路走来。我从未模仿过任何人，也不认为有谁可以仿效我。每个人的想法和价值观都会反映在工作表现上，因此想复制我，根本不可能。我有自己的生命哲学。换句话说，其他的编辑都有各自存在的重要意义，而正是因为这些个别的独特思维，才能编制出成功的作品。

　　我的重要意义就是激发作家的写作潜能，构思书籍的内容，推出成功的作品。这世界上有数十亿人口，我和作家的关系即是两个独特人生的交会与撞击。因此想成为或者仿效我是不可能的。倒不如思考如何做个有原创性的编辑来得切实。

　　很早以前 NHK 有个电视节目叫做《来自摄影棚的问候》，村松友视在节目中拿出我修改过的稿件，砰然放在桌子上说道："你们看看，改得满江红吧，这就是编辑的工作。"那也是作家和编辑擦撞出的火花之一。

　　那是 1982 年出版的《时代屋的妻子》吧（译注："时代

屋"为古董店名），那本书曾荣获直木奖。那时候我拿到这本文稿，便正襟危坐地开始批改起来。比如"说这种话的人，做爱时不会有这种举动。""这个人踩着蹒跚脚步的情节，若能增添些色彩必定会更加精彩。像在这个人的视线范围内，多加朵花或广告牌也所无谓，总之尽量让视觉上颜色纷呈。""染着红色卷发的女子吸烟的时候，不会抽七星牌香烟，而是抽淡烟吧。""我认为像这种性格的人物，不会用这种方式逃跑。""女服务生只是把 T 恤卷起来露出'肚脐'的话，读者无法窥见她的人生态度，请改成'狭长的肚脐'。"我就像这样在稿纸上批红划改。

村松把这润改叫做殊死战。我那时候每天都在和文稿做殊死战。身为编辑就必须有润改文稿的能力。现在我已经没有这样的余裕，因为我必须处理更多比那种殊死战更难的问题。我经常对我们的编辑说，绝对要帮作家改稿！

但是啊，到底是抽淡烟，抑或抽七星牌香烟，并没有标准答案。下笔时的判断，毕竟只能依靠自己的生活经验。而且你必须用毕生的所有经验指出，那女人不会抽七星牌香烟，而应该是抽淡烟。这或许是编辑的偏见，但不这么做的话，就无法与作家碰撞出思想火花，无法使作品更精彩。

我无条件地与作家或艺术家同甘共苦，亦可以大概算是为他们"牺牲奉献"吧。

我非常乐意为自己仰慕的作家或艺术家牺牲奉献。其实从另个角度来看，那种牺牲奉献亦是出于利己主义。

有些作家甚至希望我再多做修润或建议呢。例如，水上勉和中上健次就是这种典型。所以金原峰雄执笔《蒲田进行曲》的时候，我也曾建议他变更文中的季节设定。

与作家的殊死战能够提升作品的质量和突显其更高的艺术价值。然而，我这个改稿的习惯曾经引起轩然大波。我还是个编辑新手的时候，每次看完吉村昭的作品，都会写信给他报告感想，后来他就答应为我们出版社写短篇小说。不过由于他是文学巨擘，我有所顾忌没有改动他的文稿。虽说我对他的文章有很多想法，但最后还是原封不动地出版。

然而，有天吉村先生对我说："我听其他的作家说，你对作家的文稿改得很凶，我的小说你却只字未改。"听他这么说，我觉得非常高兴。后来，他又写出一篇一万二千字左右的短篇小说，我便把那篇稿子改得满江红，但这回他却急书怒骂我："你懂什么啊！我再也不想跟你们合作。"

我立刻打电话向他道歉，但他接电话的口气和信里面截然不同："你的指正很有道理，反而是我有失风度不该对你大发雷霆。"为此，我旋即冲到吉村先生家去，结果他带我去他常去的寿司店，我们坐在寿司台前吃寿司的时候，他又对我说："这件事是我不对。以后我们还是继续合作吧。"

我也很客气地对他回礼致谢，如释重负地回到公司。可是第二天，他又寄来限时信说，他不想帮我们出版社写书了（笑）。至今我仍有自信以"临终之眼所见的文学"为题，评论吉村昭的作品，或许因为他对我知之甚详，会不以为然地说，你这家伙又错读我的作品啦！

他的自尊心和真实的自我在互相拉扯。所谓作家的心理，通常都充满别扭和矛盾，所以才能持续写作。从那以后，我没有再接到他的文稿，他也没有再与我联络。但是在某些场合无意间碰面的时候，他还是会笑容满面地向我打招呼，而每次他有新作品出版，我必定会找来拜读。

　　所以只是凭交情融洽，终究没办法共同激荡出好作品。林真理子以《买个愉快的心情回家吧》一书踏入文坛后，我们的交情越来越好，她不断有新作出版。第一次见面的时候，我即与她约法三章：（1）必须继续为《野性时代》写连载散文。（2）务必要拿下直木奖，小说由我编辑出版。（3）不许爱上我。（1）和（2）她迅即如约履行，至于（3），她对我说："见城先生，我看见你就惊慌失措，所以第三点我办不到啊。"（笑）我始终与她保持良好的情谊，但是幻冬舍成立满一年后，我们因为某件事情大吵一架。那件事全都是我的错，而且以前都会和好如初，可那次吵架以后，我们却断绝往来了。或许是因为我们彼此太过亲近，没有保持适当的距离。至今我仍感到后悔。

　　至于尾崎丰，他经常与我发生争执，让我愁闷莫展无处可逃，逼得我数次想自杀寻短见呢。他只要情绪低落就会在录音室发飙，甚至踢踹路旁的自动贩卖机出气。有次，他不声不响走到《角川月刊》的编辑部，突然跳到我的桌子上，开始大吼大叫："我一想到要为你们这群活得逍遥自在的家伙写稿，就满肚子火气啊！"说完，把带来的稿子撕成碎片，怒不可遏地丢向天花板。

　　这时候，我慌忙地将失控的尾崎双臂倒剪押进会议室里，然后对他轻抚背部安慰说："尾崎，你在干吗，振作点啊！"有段时间，他几乎每天都这样。

　　即使如此，我还是原谅尾崎。因为我生命的课题就是豁出性命也想替他出书。

　　尾崎这个人不相信爱情、不相信真实、不相信永恒，因为他什么都无法相信，所以他歌颂爱情、歌颂真实、歌颂永恒，情感非常单纯。其实他是为了寻求救赎而歌唱。我始终相信在他的作品完成之际，我将得到前所未有的快意，因为我确定他将带来黄金般的果实。像他这么难相处的人，或许最轻松的解脱方式就是弃他而去，但是我没这样做。

像他这样的合作对象不在少数，夸张地说，将近有三百个吧。

这听得令人心脏都快负荷不住啦。所以啊，我的心脏就是这样被搞坏的呀（笑）。

炼"书"术

一

　　我认为编辑的胜负取决于是否有能力创造传奇。只要能创造传奇，所有事情自然水到渠成。只是传奇这种东西光是自己嘴巴说，不会有人知道。如果没有创造传奇的实力，人家还是不会帮你宣传。

　　不过，那段日子我确实是吃尽苦头，尾崎丰的巡回演唱会如果要在四五个地方举办，我就得跟着跑遍那四五个地方，否则他绝不善罢干休。如果让他知道我和其他的音乐家或者作家吃饭，他就会暴跳如雷，嚷着说他不要交稿了。

　　所以和尾崎合作那一阵子，他就是我的全部。不过，我合作的每个对象都会经历那个过程。嗯，就像在谈恋爱一样吧。如果写不出好作品，创作不出好音乐，再怎么好相处的家伙，也没有必要和他交往。相反，无论对方多么任性、讨人厌、把我耍得团团转，只要他的作品可以感动我，叫我做什么都无所谓，就算要我去杀人放火，我也想和这个人一起工作，想和这家伙过招。

　　很多人都问我如何设计成功的企划案，但其实我也没有确切答案。但我至少可以说，编辑这行不像制造业，只要有原料，把原料加工制成产品就好，编辑把人的精神这种看不见摸不着的东西，制成商品贩卖，是个诡异的行业。编辑可以用无形的东西创造出上亿的财富，而健身房则是只要你去举杠铃，就能雕塑强壮肌肉的世界，两者不能相提并论。

总之，编辑能不能成功，单看你有没有办法和每个有才华的人维持深厚的交情。我最重视与人交往的缘分。

举例而言坂本龙一还在 YMO 的时候，我和他几乎没有交情，但是我听到他的"圣诞快乐，劳伦斯先生"时，便极想和他共事。只要这种渴望足够强烈，自然会想方设法接近，找机会与他合作。

我都是从与作者共事出版其作品必定畅销的前提之下，展开积极动作的。当初我也认为尾崎丰的作品必然热销大卖……毕竟他的音乐是如此动人，把他的才华用文字呈现出来，当然可以卖钱。由实、坂本龙一和山际淳司的情况都是如此，肯定大为畅销，或许其中有些作品不会那么畅销，可这些人肯定有能力创造优秀的作品，我总是从这样的角度出发，努力经营与他们的关系。

我对默默无名的人也一视同仁。举例来说，银色夏生在某个时期，只要出书经常都能狂卖百万本。光是我为她就编辑过二十多本书籍。但在我和她见面时，她还默默无闻。

总归一句，就是忠于自己的感动，努力对能感动自己的对象下工夫。倘若我强迫自己追求没感觉的东西，很可能会因为缺乏热情，最后更不可能打败其他六家竞争的出版社，赢得尾崎丰的青睐。

我看电视的时候，发现很有魅力的女演员，就想和她合作出版。没有这种动机，就不会懂得何谓热情。换句话说，在那种情况下，身为编辑，若没有想出版这个美女的写真集啦、或者无论如何都要替对方出版散文集啦这种强烈的企图心，岂不是枉费走入编辑这行吗？

所谓我们身为编辑的特权，其实就是可以借着工作的名义，接近让我们觉得感动的人和事物。确切地说，编辑必备的特质即是感性、热情、身段柔软，而且还得是个酒国英雄才行呢。没有旺盛的好奇心也不行。

还有就是，无论是书、电影或音乐，不管是什么东西，让你感动的东西，你都要有勇气向大家说"总之，你去看。总之，你去读嘛。"即使那么做很独断，别人看完后抱怨，根本不值得一看，亦无所谓。五木（宽之）先生时常对我说："你说很精彩的电影，我都不觉得好看呢。"

然而，我赞誉有佳的东西，五木先生还是会很在意，他会对我说："也许没你说的那么精彩，但是我会去看看。"其实，这些话并不牵涉利害得失，不过他会感受到见城为了与他分享这份感动，竟然这么热心积极啊。在我看来，身为编辑原本就得有与他人分享感动的热情。卓越的编辑也必须拥有优秀广告人的特质呢。

二

我是个极度自卑的人，因而通晓人性的黑暗面和负面的心理状态（笑）。不懂得嫉妒的人，就不会冲着你说"你很会嫉妒嘛！"自己不曾有过或不理解的情绪，就不会用来指责别人。换句话说，自己不懂得何谓野心，就不可能指责别人野心勃勃。你之所以会这样指责别人，其实是因为你正有那样的心理特质。

我有许多时显时隐的自卑感。例如家里贫穷、长相不佳，还有因为体格瘦小，小学和初中的时候，我总是坐在教室的最前排……诸如这类的自卑感。正因为我少年时代经历过各种心灵创伤，现今才有能力指责别人。从这个角度来看，这是编辑的必备条件。

或许读者不禁要问，我的人生一路走来，究竟有过多少自卑的经验呢，我在人际关系中，又受过多少伤害呢。我们那个年代没有战争，但是我在学生运动方兴未艾之际，受过某种程度的精神创伤。再则就是谈恋爱的时候。依我看来，受过的精神创伤越大，越能说出刺激对方的言辞，同时也越能设身处地为对方着想。

从这个角度来说，当编辑失恋经验太少的家伙也不行呢，因为现在已经没有风起云涌的学生运动了。我们参与学运风潮之时，常常疑心生暗鬼，怀疑某个家伙该不会背叛自己吧，要不就得直面不敢参与突击的软弱的自己。我们在学运风潮当中，经历许多事情，从中学习到何谓人的本质和人性的黑暗，更从恋爱过程中，得到得到诸多启示。生活在这个时代里，只剩下恋爱一途，因此不谈恋爱的家伙绝不是称职的编辑。

另外，当编辑就是要放下身段。我会参与非主流的文艺活动，只要时间允许，连摇滚乐和古典音乐会都会去聆听，因为我很可能在那里发现令我感动的事物。

我是在一家咖啡厅临时搭起来的舞台上，第一次观赏到金原峰雄的戏剧。那时候我觉得他的表演实在非常精彩，便和他签约出书，往后的十五年之间，他所有的书都只能交由角川书店出版。这么做虽然很冒险，但他值得我们为他砸下重金。

至于林真理子，原本是广告文案写手，后来角川书店为她出版《买个愉快的心情回家吧》，她才踏入文坛。我和林真理子因缘际会相遇后，被她过度的热情感动，就问她要不要试试看写小说，结果她的第一部小说就入围直木文学奖。她为人非常风趣，后来我几乎每天都和她见面。再次强调，不敢为欣赏的对象付出热情，决不是出色的编辑。

但话说回来，人与人之间的相处，有时候也会因为太过亲密而使关系恶化吧。

因为你想更拉近彼此的距离，导致在某个时期关系出现紧张恶化。因为彼此都想更密切的交往，以致踩到对方的雷区，被炸得满身是血。可话说回来，若因此裹足不前岂不是更毫无所得。因此，我经常对部属说："即使关系僵化到无法收拾的地步也没所谓，这比起畏首畏尾敷衍带过来得好上百倍。正因为会被溅得满身血污，才要勇往直前！"

当编辑决不能如此举棋不定。那是因为缺乏热情才跨不出去，因为没有感动才举步犹疑。至此我已经举过很多事例，编辑人的首要条件就是要有热情，并愿意为对方付出。那就是编辑的特权！当你在电视上突然看到无名的男演员，或是偶尔在路上听见令自己感动的音乐，你就要想办法和对方见面，说不定有机会可以合作，编辑拥有这种天生的特权，不擅加利用的话，当编辑就毫无意义可言。

三

现在，我觉得《Free & Easy》是最精彩的杂志。杂志里的照片总是令我百看不厌，每期的文字也都让我感受到强烈的刺激。这么前卫的杂志，背后必定有个魅力超凡的总编辑，因为纵使编辑群再怎么优秀，杂志的调性最终还是取决于总编辑的生活态度……我和小野里认识大约一年左右吧。他是这五六年来，我认识的男性友人当中，让我受到最大刺激和最酷的男人。

首先，小野里的穿着很有品味，但这不是因为他衣服的样式很别致，也不是因为他衣服的价值不菲。那种感觉是他用衣服来衬托自己，而不像有些人是用自己去衬托衣服。他的服装很有特色，倘若他的内在涵养不够，不可能散发如此的穿着艺术。

当一个人的心能够随兴摆荡，即使从外表看不出来，他依旧有能力散发热力光芒，受到众人的瞩目。所谓的性感就是这么回事吧，也可以说是此人的魅力或特质。小野里是个随兴所致的人。他很细腻也很强悍，有点贪心却不贪婪。他对自己的生活方式非常坚持，可他工作时却又很有弹性。他是那种可以经常在两种极端之间随兴摆荡的男人。

小野里不会拍马逢迎，但是大家都很喜欢和他相处，也期待和他再次见面。我觉得那是因为他的情绪总是在两种极端当中随兴摆荡，刚烈与细腻、大胆和怯懦、强与弱、动如脱兔静若处子。爵士乐里有一首名曲"It Don't Mean a Thing（If It Ain't Got That Swing）不能随兴摆荡，还有什么意思"，而小野里那轮廓深邃、独特而难以言喻的面貌，似乎就散发出"It Don't Mean a Thing（If It Ain't Got That Swing）"的气质。无论他的谈吐、穿着、言行举止，都流露着特别的摆荡风格。

我认为人的心灵也是由肌肉所构成。心灵肌肉的美，远远凌驾那些经过重量训练的强壮肌肉。他严肃端庄的气质很酷，那种气质不知是从他心灵肌肉流露出的优雅，还是来自他坚忍自持的气度。他给人的感觉宛如极品咖啡苦中带甜的甘醇风味。苦和甜是两种截然不同的味道，他却有能力将这两者在自己身上合而为一。如果只是掌握苦或甜的其中一种，任谁都做得到，但要像他那样能掌握摆荡的两个极端并不容易。

很多人都喊他"肌肉男小野里"，那或许是因为他全身的肌肉都很强健，但我却认为小野里的心灵肌肉也持续在成长，所以才会想称他为"肌肉男"。（小野里从年轻时即持续进行的）重量训练和有对手的运动不同，你下多少苦功练习，才可能得到多少成果。举例而言，当你举起一百公斤的杠铃时，若觉得实在太辛苦正想放弃，那你的肌肉纤维就无法变得粗壮。若你愿意坚持下去，相信自己可以举起一百公斤的杠铃，把自己从那种痛苦的感觉中抽离，最后当你真的举起一百公斤杠铃时，你的肌肉纤维才能比以前更粗壮。而且你还能继续挑战一百零五公斤的杠铃。一切都是你和自己的战斗，胜负取决于你是否能坚持下去，凡努力过必留下痕迹。虽说没有对手的刺激，只要愿意下苦功就会有收获，可以雕塑出你想要的肌肉。我知道他经常都在努力锻炼自己心灵的肌肉。即使已经年过四十，他还是常追求新的刺激，尝试新的冒险，勇于接受挑战，希望自己的贪欲不断地扩张起来。每次与他见面，我总觉得仿佛碰到一个新的肌肉男小野里似的。我认为没有成长的家伙最悲哀可怜。从这个意义来说，肌肉壮美的小野里总能让对方强烈地感受到他每日修炼的成果，我只能用"超酷"来形容词这个男人了。

四

从我个人的观点来看，五木宽之和石原慎太郎的作品，我在高中就已经十分着迷，几乎可以倒背如流，所以后来为了争取他们两人的稿子，我可以说是卯足了全力。其他像是森敦先生、水上勉先生和有吉佐和子女士等很多知名作家，全是我担任角川书店编辑期间，第一个向他们约稿成功的呢。

许多才华洋溢的新锐作家也都与我签约出书。

而在发掘新人的过程中，我也有其他的收获。举例来说，我和金原峰雄成为朋友，就有机会和金原峰雄剧团里尚未成名的男演员们混熟。我过去曾经每天和风间杜夫、平田满，以及已故的三浦洋一见面，因此得以逐步在演艺圈建立人脉。

在乐坛的情况亦然，由于高桥三千纲和中岛美雪交情甚好，我和三千纲喝酒的时候，当时还是新人的中岛美雪偶尔会在半夜加入我们一起喝酒。我的人脉就这样逐步扩展开来。由实对刚出道的田中康夫向来关照有加，而我则是在田中康夫出版《不知道为什么，就是爱水晶》之前就认识他，因此有田中老弟穿针引线，我才有机会找他和由实三个人一起吃饭，从此与由实建立起良好的交谊。

与这些人的交游做到这种程度，连私人时间都得投注下去，一天到晚都和他们喝酒吃饭交换意见，如果不这么做，即无法维持良好的人际关系，更不可能拓展人脉。

回想起来，我二三十岁那时候，很少半夜三点以前回到家里。几乎每天晚上都在喝酒。

然而，我并不期望那些人会立即答应和我共事。或许要等上十年或二十年，但只要能和对方密切往来，一旦信赖关系建立起来，肯定会有联手合作的机会。我始终相信某天对方会对我说："见城先生，很多出版社都来提案，但是我只想和你合作。"

我嘴上说即使等上二十年也没关系，其实是越早合作越好。但是在共事之前必须密切往来。我已经把这个交朋友的模式套用到几百个人身上了，弄得自己真的几乎快要精神崩溃。回想起来，我二三十岁的时候真是了不起啊！

与人交游和在健身俱乐部练肌肉不同，没办法归纳出什么技巧。我是和人的精神共事，人的精神是活的，变数太多。不过，身为编辑一定要有能力激发对方的潜能。倘若你无法刺激对方创作，也没办法让对方有所成长，人家绝不可能想与你共事。而除了公事之外，也要建立私人的情谊。

要做到这一点，终究无法避免吃吃喝喝。如此一来，就得经常喝到清晨三四点，不，甚至是六七点呢。

当然除了应酬之外，还得看稿子和读书，也包括那些尚未建立交情的人所写的作品在内。

我当初是怎么挤出时间来做这些事的，自己也常觉得不可思议。嗯，我那时候还是单身。所以没有家庭的顾虑，或者说根本没有时间成家吧。

我那时候常常写信。早上公司里都没人，所以非常适合写信、看校样或者读书。因此我缩短自己的睡眠时间，每天早上大概八九点起床，在上班途中听我喜欢的音乐家所创作的音乐，不管是否干扰其他人，即使在公司，我还是大声播放音乐，而不是用随身听呢。

下午的时间用来洽公和健身训练，晚上必定跟某个朋友相约吃饭。我在角川呆了十七年之久，我可能是交际费花得最凶的编辑。但事实摆在眼前，我也是最替公司赚钱的人，公司也认同我的做法，从来不对我啰唆。

跟人家约吃饭之前，我都会认真思考菜色的变化，例如今天吃中国菜，第二天即品尝法国菜，第三天则换吃意大利菜吧，所以我在年轻的时候，对吃就很有讲究。我总认为对方是顶尖的创作者，得用上好的食物招待才行。我从二十五六岁开始，就每个月到"京味"三次。

我们和新闻编辑不同，经常有机会招待对方，听他们说哪家餐厅好吃啦，不愧是名店啦，总之我的面子也只有在餐厅吃得开，所以我渐渐对各种美食了如指掌。

文艺编辑确实有这点好处，但苦处也是多到数不清。不过只要书卖得好，不论是价格高昂或名气响亮的店，我一个星期之内全可吃遍呢。

刺激他们创作的言辞，我倒是说了不少。除此之外，我也会观察对方无意识的言行，然后思考我要说什么，才能提高自己在对方心中的地位。假如对方曾经受过精神创伤，我就会经常留意在什么情况下，可以在对方的伤口上抹盐。

可是，在对方强烈地想和我共事之前，我不会刻意做什么去强迫人家，这些原则都很自然成为我的待人处世之道。我应该是最常和音乐人共事的文字编辑吧，与我合作的作家有些人相当古怪，但音乐人也不遑多让。举例来说，我只要和坂本龙一出去喝酒，通常都非得通宵喝到早上九点才能回家。那家伙回去可以仰头大睡，我却还要去公司上班。他获颁奥斯卡最佳作曲前后大约四年的时间，我们几乎每天都混在一起。

至于尾崎丰，我对他的付出完全超越一个受薪编辑的工作范围。我帮他找人、集资、走遍各房屋中介商，最后帮他成立名为"ISOTOPE"的个人经纪公司。每天和坂本见面的日子告一段落后，换成每天和尾崎丰相处，持续了大概两年。尾崎丰过世之后，这样的日子也跟着画下休止符。正因为我和他们两个关系如此密切，所以尾崎只为我写稿，而坂本龙一比较有分量的文字工作，基本上也只跟我合作。

倘若我和他们没有那么深的交情，要叫他们在众多的编辑中只和见城彻共事，应该没那么容易吧。

卖书与用生命和作家交陪并不互相矛盾。业务和编辑的工作也不互相冲突。

对我而言，畅销的书就是好书。有人会质疑，那么好书就只是如此而已吗？其实，所谓好书定义很广泛。作者和编辑都觉得自己已完成意义非凡的工作，自视甚高地出版了这本书，结果却卖不出去也无可奈何。最理想的状况是，这本书写得好又畅销热卖，要是两者皆落空最令人扼腕。用差不多的心态编制书籍，最终只能得出"差不多"的结果。编辑和作者要追求的是，该书是否能畅销，抑或是内容精彩可期，或者是两者兼具？以我个人而言，我只想制作我和作家都觉得精彩的作品。

举例来说，其实《两个人》的书稿早在出版的一年前即已完成，对方若想出版的话，随时可以立即付印。可是唐泽寿明和我都不满意。唐泽那时候是当红的俊俏小生，那本书上市后要卖出十万本左右应该不成问题。话说回来，与人共事倘若最后让对方觉得"悔不当初"的话，那以后就不可能再有合作机会，即使最后卖出十万本的成绩，但让对方不想再与你共事，就是编辑最大的失败。因此，虽然那时候我们公司刚成立，相当缺钱，我还是硬着头皮对唐泽说，书不急着出版没关系，将《两个人》的出版日期延后。结果后来唐泽和山口智子结婚，这本书抓住这个契机，成为热卖百万本的畅销书。比起当初我们公司延后可能进账的百万日元，三年后换得的是一亿日元。简单地说，不要急着得到结果。以我的经验来看，编辑必须与作家建立紧密的交情，然后对其作品仔细斟酌看准时机出版，最后必定有销售佳绩。书籍出版当然就得畅销才行，而卖书与用生命和作家交陪，与业务和编辑这两种工作并不冲突。

<h2 style="text-align:center">五</h2>

我一旦认定这个作家颇具潜力，便会答应他的任何要求。理由很简单，因为我想和这个人完成开创性的工作。若要让对方写出震撼人心的作品，就必须出言刺激他的潜能，与他保持密切的关系，和他坦诚相见，让他吃尽苦头。此外，还必须做好心理准备，既然对方已经逼迫至此，自己也无处可逃，只好奋勇挺进。在这个过程当中，你难免会被对方弄得血花四溅或轻微擦伤。

我岂能容许态度散漫的家伙从我的面前经过呢？

我回想起在东大校园内搞学运时，写在安田讲堂上的某个涂鸦文字。为了让对方知道，你不能只是从我面前经过，我们必须建立起忠诚的革命情谊。对人投入感情是有风险的，但是不愿意投入，就做不出具有关键影响力的作品，而且我相信八成的风险都可以用努力克服的。我认为可以轻易完成的事情不能算是工作，因此我只往百分之九十有风险的地方前进，而且经常对其结果设定最坏的打算，然后想像最好的结果是如何，再努力思考如何推上完美的局面。正因为事前已设定和想像最坏和最好的结果，便能在创意上放手一搏。因为我把自己的感动和大众分享，因为我让具有决定性影响力的作品成为一种社会现象，因为我与创作者建立一种互相交锋的关系，我才得以不断出版各种百万畅销书。

以《老年才是真正的人生》为例，日本即将有超过三分之一的人口，年龄在六十岁以上，也有很多人看准"老人"商机。但是我想出版这本书，主要是因为该书作者以描写炎夏青春的《太阳的季节》踏入文坛以来，一直对自己的身材很有自信，老是夸耀其魁梧的体格，而现在他年近七十，若不请他叙写衰老的心境，他的文学就显得不够完整。因此我才拜托慎太郎先生撰写《老残》这本小说。我希望他的文字里，能呈现初次体验年老的那种悲惨和无奈。例如打高尔夫球的时候，球飞出去的距离越来越短啦，性爱的质量下降啦，身体某处疼痛便担心自己是否罹患癌症啦，皱纹和老人斑增加啦，孩子们逐个离开身边等等。我连报纸的连载版面都帮他找妥，但慎太郎先生认为"老残"与他无关。他说，字典里说"老年即为丑活的状态"

根本是一派胡言！他要和老年奋战、享受老年，给老年一个迎面痛击。原本计划把"老残"写成小说，但光是痛击老年这种内容没办法成为小说。于是我们把它改成随笔，并向《President》杂志提出这个企划。在该杂志连载时，专栏标题为"肉体的哲学——关于老年"，但石原先生决定在幻冬舍出版单行本的时候，将书名改为《老年才是真正的人生》。事实上，我们两个都知道，对政治家而言，"衰老"是一个禁忌，因而最后采用这个书名。正如预期那样，《老年才是真正的人生》的销售量直逼百万本，可是我仍然没有放弃《老残》这本小说。总之，唯有突破禁忌才能得到丰收。

我总觉得为人处世至少要做到"己所不欲，勿施于人"。正因为自己受过精神创伤，才能懂得体谅对方，当然这关系到你曾经体验过多少负面而阴暗的创伤。以前有战争、有物质匮乏的问题，还有学生运动。在搞学运的时期，大家都非常害怕被捕，因而时常怀疑是否遭到同志出卖。此外，即使是志同道合的朋友，有时也会互抢女朋友，甚至暗中较劲争夺领导权。我们那个年代的人，经常处在嫉妒和占有欲以及猜忌的漩流中，难免背负着精神创伤。有过这样的体验，才能培养对他者的想像力。活在现今的时代，只有恋爱能让人体验到精神创伤，只有经历恋爱的试炼，才能感受到自己的成长，因为无论你被甩或者甩掉别人，都会伤及你的心灵。缺乏想像力的人永远没办法感动人心，由此推论，这样的编辑决不可能策划出什么好书。至少那些没有恋爱经验的家伙，不可能有什么新创意，毕竟编辑可不是只会死读书就行，有时还必须具有领导能力呢。

话说回来，我只要认定对方深具潜力，就会展开行动，拼命地替他造势，而在我突破万难将他推向高峰，成为世人和媒体的目光焦点时，我便毫无留恋地转身离去，再次与内心那些负面而阴暗的情绪展开搏斗，探寻下个不为人知的璞玉。

天使与恶魔

灰色是最丰富的颜色。正因为是白与黑激烈混合后产生的灰色地带，才能孕育出最佳畅销书。

"在我看来，凡是畅销的书都有其正确性，而且畅销热卖的书必定是好书。那些纳闷'为什么这种东西也能畅销'的人，根本不了解这个世界。没错，好书未必能造成轰动，不过大为畅销的书，很大程度是白与黑融合而成的产物。混合两种极端，让两种极端激烈震荡，才能无意识地刺激读者的情绪。读者不是笨蛋，一本书是索然无味，还是丰富精彩，他们一目了然。《Daddy》也是如此。这本书谈到男人和女人相遇、陷入热恋、结婚成家，最后离婚，是一个单纯而普遍的故事。这个故事确实是乡广美这个活生生的人，呕心沥血写作而成，毫无虚假。这本书写出从人类诞生以来，男女之间经常发生的爱恨情仇的境况，内容简单易懂。顺便一提，当初我们是在媒体电视和报纸完全不知道乡广美要离婚的情况下，花了六个月完成这本书，并选在他离婚当天出版，让这本书变成我们的独家内幕报道，赋予此书黑色的绯闻特性。为了让这个黑色的部分更黑，我决定这本书的初版印五十万本。周遭的人都警告我'此举失败的话，公司可能倒闭'，但是我认为这个举动有其必要。因为初版即印五十万本不仅可掀起话题，这本书又选在他离婚当天出版，自然有加乘效果，足以让本书的黑色（黑暗）部分颜色更深。

在纯白与深黑碰撞出的丰富灰色效果带动下，最后《Daddy》狂销百万本。倘若此书一开始只印十万本，或许最后顶多只能卖到五十万本。这个道理同样适用于《两个人》一书（唐泽寿明著/单行本销售一百三十七万本、文库本销售五十万本）。这本书的标题本身即有双重含义，一是艺名唐泽寿明和本名唐泽洁这两个人，另外一层意义是，唐泽寿明和他的妻子山口智子两个人。现实生活中的唐泽洁，必须解决生命中每件令他痛苦万分的困扰，而假若此书的黑色部分，是唐泽寿明和唐泽洁这两个人的纠葛，那么白色部分就是他和妻子山口智子之间的故事。两者混合之后，唐泽寿明这个人便完美地染上一层具有深度的灰色。"

　　灰色地带才能挖到宝物。想成为畅销书推手的编辑都知道这个道理。话说回来，在现今的日本出版界，几乎找不到像见城这样的畅销书之神了。见城说"我具有人类最龌龊的本性，也拥有最纯洁的特质"。他还说曾经疯狂地迷上文学，也曾干过像八卦周刊记者的狗仔勾当。

　　"记得我还是个新手编辑的时候，曾在最初任职的出版社推出一本畅销书，名为《公文式数学的秘密》。那本书几乎有大半出自我的文笔，但最后还是卖了三十八万本呢（笑）。"

　　原本会员只有五万人的"公文式数学"，因为这本新书会员人数大幅成长，办公室电话响个不停。如今他们原本的小公司已经跃升为年营收超过六百亿的大企业。虽说公司创办人已经过世，但现在他们的公司发展史里，据说还保留着表彰见城彻丰功伟绩的纪录。

　　"另一方面，我也有文学青年的热情与理想，希望能把像中上健次这样的（当时）没有走红的作家，认真地介绍给广大读者。中上健次的作品具有谨慎和大胆的特质。倘若他的细腻是白色，他的强悍是黑色，那么让这两者互相对立争斗，才能创造出灰色。人们常说'天使般的细腻，恶魔般的强悍'，但我不认同。我觉得应该是'天使般的强悍，恶魔般的细腻'，这样才能成就出人意料、丰富精彩的灰色地带。因此，假如把《谎言的真相》这样的书，当作是'那种专谈丑闻的八卦杂志'，丢到墙角的话，那真的就没搞头啰。我任职角川书店的时候，就曾因为《谎言的真相》的绯闻报道，好几次险些就递出辞呈呢（笑），不过我觉得这样也蛮有意思的。我内心里同样存在着《谎言的真相》，同时也有单纯的面向，例如我希望把中上健次的文学推广出去。人越是能包含更多的精神面向，越能散发强力的魅力……警察要逮捕的嫌犯叫做星星（译注：日语读法，这里有点冷笑话的意思），天上闪闪发亮的物体也叫做星星。没有丑闻的根本就不是明星。只会闪耀美丽光芒肤浅而没有深度的星星，不能算是真正的明星啦。"

见城说，灰色是创造出来的。但是对见城而言，他要是不彻头彻尾地闯进灰色的世界里，完全看不出极白与极黑的界限的话，便无法创造出成功的畅销书。事实上，见城非常了解自己的性格，因此他才说"我虽然了解什么是灰色地带，但要让灰色地带的作品成功，非得戒慎恐惧才行。我是个谨小慎微的人，做事总是裹足不前，但在某些时候，却又会不计后果地往前冲，争胜好强，缺点多如牛毛。"见城除了面对自己内心的黑白交战之外，还得与他属意的创作者们展开猛烈的搏斗。

"一旦进入灰色地带，只能不断加深彼此的信赖关系。也就是说，要建立彼此遇到困难时相互支持的关系。但这也存在着矛盾心理，对方提出要求的时候，我不能拒绝，又怕对方会提出很糟的要求，因此内心经常恐惧担忧。心想，哎，这下子惨啦、真麻烦啦、或者这样会有风险啦。尽管如此，最后我还是全身陷入。我总想先陷进去再来想办法，所以我经常处在混乱的矛盾中。再次强调，只有投身在混沌中，事情才会有所进展。我喜欢《谎言的真相》，也很欣赏满脑诡计的坏家伙（笑）。此外，我也喜欢纯白无瑕的事物，我觉得能接受黑与白的极端，并且乐在其中，才能进入创意的世界。因为人类精神产物是我们的商品，我们的宿命就是将看不见也摸不着的原料制作成书，然后努力争取百万本的销售量。我们的职业和魔术师没什么两样。不，变魔术尚有道具和戏法可依，有点像诈骗分子。因此我们某种程度还得表现出坦诚才行。在编辑的世界里，若不能兼具诚实与诈骗者的角色，便无法生存下去。若不能把警方侦办的事件和明星诞生同样看待的话，就无法成为百万畅销书的编辑。"

耍　大　刀

幻冬舍即将在今年（2003 年）的 11 月成立满十周年。

倘若可以让时间暂停，让我回顾这十年的话，只能说时间真是转眼即逝啊。

公司成立之初包括我在内总共六名员工，现在员工人数成长到四十三人，而且今年 1 月 30 日那天，终于也在 JASDAQ 股票上市。

幻冬舍甫成立的时候，时常有"当季的业绩不错，但下一季未必顺遂"的想法，毕竟无法预期几个月后的状况，便不敢扩充员工人数。当然，更不敢奢想股票上市的事情。因为我自认为没有能力让公司的股票上市，而当时也不可能实现。然而，三年半左右之前，我下定决心（上市），于是开始备战出击。自从做此决意以来，时间就被压缩得更厉害呢。

目前出版业界的物流制度对既有出版社有利，在利益结构上，我们这些新进业者和既有业者之间存在着巨大落差。因此我想将"上市"当作与同业竞争的有力武器。

所谓（股票）上市，即是将公司的所有信息对外公开，还必须将公司的营运状况透明化。出版社和传统制造业不同。我们投资培养写作者的才能，然后把他们由智慧结晶衍生出的无形资产编辑成书，再予以转化成有形的商品对外销售，因此我们没办法像制造业那样计算"需要采买多少原料，制造几个商品"。而所谓"先行投资"，就是要有"收不回来"的心理准备。在这种情况下，即使像我们这样的新公司，要上市就必须光明正大地公开所有信息，这是非常不容易的事情。因为出版业界是最不希望公开公司信息的业种之一。然而，为了在下次的竞争中悍然胜出，我认为即便必须承担风险还是上市来得有利。经营者若抱持"这一季没有畅销书，所以精简业务吧"或者"这次推出的书非常成功，我们去狂欢吧"这种有失严谨随便的经营方式经营，只会让公司的营运每况愈下。依我之见，为了让自己注意到每个细节，掌握到每个关键商机，将公司的股票上市才是最具挑战性的做法。

最初既有业者在建构利益结构和物流制度时，思考的方向就是只顾及自身的利益，完全没有顾及后进出版社的生计，因此新的出版社很难在业界茁壮成长。从出版界的利益结构来看，新进业者与既有业者在立足点上的差异，就已经天壤地别，几乎让我们完全没有成长的空间。

首先，连经销商都不给我们开设基本的付款账户，通常十家经销商只有一家愿意让我们开户。而这家愿意与我们合作的经销商，则开出很恶劣的付款条件，而且批价折扣（注：出版社给经销商的书价折扣）一旦决定，便不再更改，折扣只能调降却不能调升。

我简单做个譬喻，倘若有本一千日元的新书，而对方是历史悠久的大出版社的话，他们就可以用七百二十日元的折扣批给经销商，但同样的书价，如果由新进出版社出版，却只能以六百二十日元批给经销商，这两者间的利润就已经相差一百日元。

这是出版业的惯例。

但是这个惯例究竟如何形成？有一种说法是出版社以前赚过头了。在日本这不景气的十年当中，出版界确实历经了十年的苦难，但若以五十年为一个单位，在这之前出版业已经有过四十年的荣景啊！结果，经销商和书店始终利润微薄，而赚饱荷包的出版社却对他们冷眼相待。因此经销商不得不借机从新进出版社这里克扣砍价。

最近，有人发起要出版社降低书籍批价的运动，听说也有出版社响应。讲谈社这类出版社，或许对此抱持宽容的态度，但这也只能算是极少数。实际上，真正掌控价格的是历史悠久的出版社，因此短时间内他们决不会调整批价折扣。问题是，经销商们却会将大出版社不愿降低折扣的部分，转嫁到新进出版社的身上，要求我们给予更低的折扣。对我们而言，这简直雪上加霜。

所以公司将股票上市，有部分原因也是想与这些既得利益者对抗。

我是这样估计没错，而且我也想知道自己的经营方针到底能否在市场上站得住脚。若能拥有耍大刀的力量，也就是如果我能够从市场上大量集资的话，我应该就有办法将新的创意转化成商业利益。这部分现在尚不方便透露，但是我已经拟妥许多具体计划。

但愿这些计划能够早日实现。顺便一提，其实1993年我辞去工作的角川书店的股票早已经上市，现在自己的公司也经历相同的过程，让我更加小心谨慎，也开始体会到富士电视台和电通等大企业的过人之处。

姑且不论泡沫经济时期的状况，目前可说是二次大战后经济最低迷的时期，幻冬舍在此时公开上市，不愧是"英勇果断"啊！

现在确实是股市最低迷的时候。很多计划上市的公司都选择避开现在这个时机，只有我们逆势而为，因此我们也承受着莫大的压力。这几年来，我每天都在压力中度日，所以更觉得时光飞逝。对我来说，在四谷的住商混合大楼办公室挂牌营运的那天情景，恍如昨日历历在目。我还记得那天下着滂沱大雨。

我四十二岁。

那天办公室里空荡荡的，连张像样的桌椅也没有，相关物品也还没有送达。在那间办公室里，只有我们六个人。我在高中的时候，曾经打过橄榄球。因此我离开角川的时候，重松清他们在为我举办的"壮行会"上，还特别送了一个橄榄球给我。我们大伙儿围坐在地上，一开始那个橄榄球放在我们的中间，后来不知不觉间大家竟然做起这个动作（橄榄球运动里传球的动作），亦即将球传给坐在身旁的人，于是我们六个人默不作声不断地轮流传球。

当时，我们对今后的发展感到惶然不安，犹如坐在扁舟上，眼前的大海上掀起暴风雨，我们却被迫得在雾雨中起航。这种情形恰似兰波《地狱一季》里的某诗篇："我们的船在凝滞的雾中飞腾着，驶向苦难之港"。

直到现在，每当这首诗在我脑海中浮现，我便会再度想起那天的情景，让人不知不觉胸口一紧（笑）。对那时候的我们而言，"苦难之港"就是文艺的世界。我们都抱持"航向风平浪静的港湾没有意思，驶向文学这个苦难的港湾才有意义"的想法，在那场大雨中席地而坐，就这么不断重复传球的动作。

正因为有这样的起点，至今我们仍不断做各种鲁莽的挑战。公司刚成立的时候，资本额只有一千万日元，大约经过九年市值总额已拓展成三百亿日元，我们也确实感受到"资本主义"的威力。至于我们究竟如何将一千万日元变成三百亿日元的，答案是我们在出版工作上付出的无数血汗。然后再加上我们与各个"写手们"的合作，造就了今天的一切。如此而已。我觉得这就像经济的魔术，只能说我们真的很幸运。话说回来，我们付出了超乎别人想像的努力，对于这点我相当自豪。

当初六个人成立公司时，完全没想过今天这样的局面。因为大家都唱衰我们，说什么"这必败无疑，赶快停手吧"，无不在看笑话呢。现在回想起来，有件事觉得很有意思，目前是散文作家、在当时担任文艺编辑的大前辈寺田博，曾在幻冬舍成立时，特地前来问候："大家都希望你失败，所以你更要把这件事牢记在心。"寺田先生担任河出书房《文艺》的总编辑和董事后，独自成立了一家出版社，取名为"作品社"。可惜这家出版社经营不善，最后他又到福武书店（现为 Benesso 公司）担任文学杂志《海燕》的总编辑，不过他毕竟是曾推出许多名著的大前辈，尽管我已经做好失败的心理准备，但当时听到他那番忠告，我还是忍不住心跳加速。

代后记　恍如昨日

　　我辞掉角川书店的一年多前，我的部下石原正康就把他的辞呈寄放在我这里。

　　他说已经对公司彻底失望，但只要当年录用他的见城先生还留在角川书店，他就没办法辞职。倘若见城先生也想辞职，请将我的辞呈一并往上呈。石原当时在公司非常活跃，完全看不出来他想这么多。至于我呢，那时候的职位必须担负整个编辑部门的责任，因此我始终没办法下定决心离职，每天都在犹豫中虚度光阴。

　　最后下定决心辞职，是在角川社长涉嫌持有可卡因事件发生前一个多月，我思考着跟石原两个人开家小酒馆，然后选看适当时机递出辞呈。就在此时，突然发生了角川社长的可卡因事件。我跟随十七年的角川春树社长遭到逮捕，我再也没有任何理由留在角川书店。

　　当时那种终于解脱的感觉，真是笔墨难以形容。我的心情像万里无云的澄澈蓝天，那时我才体悟原来角川春树对我是多么大的束缚啊！

　　想不到我离职后有好几家出版社都来问我，要不要到他们公司去工作。也有至今仍名声显赫的企业表示，他们愿意出资让我成立公司。

　　然而，最后我没有开小酒馆，倒是想试着凭自己的力量成立出版社。

　　我二十多年的挚友棚网基己，是一个成功的企业家，我决定让他成为我的合伙人。我们一起在山上旅馆（译注：位于明治大学附近）里吃铁板烧的时候，我对他开玩笑说，先给我准备个三亿日元来吧！至今我还清楚记得，棚网被吓得说不出话的表情，那些事情恍如昨日才发生过似的。

　　早已自角川书店离职的重松清，找来七八个好朋友替我和石原在新宿办了一场壮行会。我也曾请重松加入我的出版社团队，但重松当时已开始往作家的路途发展，为难地婉拒了我的请求。

　　我与石原正康、小玉圭太、馆野晴彦、米原一穗和斋藤顺一共同在1933年11月12日登记成立幻冬舍。

　　公司的名称是我拜托五木宽之帮我取的。五木先生提出的公司名称还包括"幻城社"和"幻洋社"，不过我选择了"幻冬舍"。那个时候《大河涓流》包括文库本在内，合计已销售两百七十万本，可说是超级畅销书。

　　半年后，新实修（译注：现为幻冬舍代表取缔役专务）加入。公司成员全是前角川书店的员工。

　　1994年3月25日，五木宽之的《鸥枭漫步》、村上龙的《五分钟后的世界》、筱山纪信的《少女革命》、山田咏美的《120% COOOL》、吉本芭娜娜的《玛莉亚的永夜/峇里岛梦日记》和北方谦三的《约定》共六本书同时上市。幻冬舍正式开始运作。现在回想起来，这六位作家竟然愿意为我们这个尚未成气候的出版社跨刀写作，对他们我实在不胜感激。之后，他们笔下的多部作品，也支持着幻冬舍茁壮成长。

那时候村上龙说"我会每两年为你们写一本新书啦",没想到他真的遵守承诺,为我们写了最近才出版的《为13岁少年而写的就业咨询》(译注:2003年2月出版后,已销售一百三十万本),和《从半岛出走吧》。

公司在四谷二丁目的住商混合大楼正式成立后,石原慎太郎前来探访我们,他说"若需要我帮忙的地方,随时通知一声",他与我们的约定,后来化为《弟弟》这个丰硕的果实,之后又有《活用法华经》和《老年才是真正的人生》。

宫本辉则是立刻开始在报上撰写连载,最后催生出《人的幸福》这本小说。

我在公司登记成立那天,拜托天童荒太着手写作《永远的仔》,为此他花了五年的时间,才完成这部长篇巨著。

第二天,群洋子和我在新宿中村屋共进午餐,她当场便决定为我们写书,后来旋即动笔写作《人生功课》,最近又出版其小说《海鸥食堂》。

在我们出版社连一本书都尚未出版时,内田康夫却爽快地答应,为我们执笔写作《在繁花盛开的树下》,该书后来成为内田康夫百册纪念作品。我步出内田先生的府上,在积雪的轻井泽车站前,打公共电话回公司通知内田先生已答应执笔的那一刻,公司员工迅即鼓掌叫好,欢声雷动的声音,现在仍在我耳边回响。

我在角川时代几乎没有与渡边淳一或泽木耕太郎建立任何交情,不过他们每次有新书出版,我都会写下读后感寄信给他们,经过十年的时间,他们分别为我们写出了《爱的流放地》和《无名》。

能为大泽在昌和宫部美幸出版小说，更是令人喜出望外。

在我们公司成立之初，"中央精版"的草刈社长曾对我说，印刷费的付款支票，半年、一年或两年再兑现都无所谓，我自己决定就好。

我们对纸张完全外行，而"中庄"的大冢董事（已故）竟然在我们公司留宿，和我们一起进行出版作业。

最初要一口气推出六本新书时，我无论如何都想在《朝日新闻》打出全版广告，而广告代理公司"toko-ai"的木村副社长（已故），不但包容我的胆大妄为，还在与其社长交涉的过程夸下豪语说，假如失败的话，他会自掏腰包买单。

如前所述，正因为有众人的协助，幻冬舍才得以顺利迈出第一步，也才造就了今天的我。

对于曾透过广济堂出版社、角川书店和幻冬舍将稿件委托我编辑的撰稿人，我深表谢意，我尤其对愿意将作品交由幻冬舍出版的作者由衷感谢。

幻冬舍的各位员工，我这个社长满是缺点总让你们陷入困境，但你们始终支持我，我每天都暗自双手合十，感谢上苍让我有这么好的员工。

此外，平田修、杉山恒太郎、冈部匡宏等等，我多年来的好友们啊，你们给了我很大的启发，也让我的心灵得到救赎。我代表生活在阴郁世界中的朋友们，向你们致上最热切的敬意。

我还要向在我生命中的某个时期，私底下与我同甘共苦的坂本龙一和山川健一致谢，感谢你们诚挚的友情。

田边昭知、周防郁雄、高岛达佳和森隆一等前辈诸兄，你们都是我心灵的支柱。

232

而我三十多年编辑生涯中，"京味"的西健一郎始终站在料理台的对面守护着我。

本书的内容，是先由数量庞大、种类繁杂的各式报道、访谈与文章中撷取精华，再重新编辑而成。文章内容或许有多所重复与矛盾之处，但我们选择刻意呈现其真实原貌。因为截稿期限在即，本书中有从过去文章中直接转载的部分，也有些部分是过去接受访谈的纪录，但当时为配合杂志特辑主题说的话写成文字后，却显得有点夸张。然而，那就是当时的我。我的每一句话背后，应该都深刻地反映出我在"黑暗中的跃进"。若能够让读者理解，我将倍感荣幸。

本书约有四分之一，来自曾刊载于《Free & Easy》月刊的内容。我很感谢该杂志总编辑小野里稔和我的责任编辑犹冈浩。书中每一页内容的完美编排都出自犹冈浩之手。

本书的装帧与设计，则委由高桥雅之负责。幻冬舍初期那几本百万畅销书《两个人》、《弟弟》和《Daddy》，也是由他负责装帧，但若要从角川书店的时代算起，我和他已经有二十五年的交情了。

此外，还有我的爱犬 Ed 啊。因为有你，我方能每天洗净内心的烦忧，以后也要请你多多关照。总有一天，你一定要对我说话喔。

最后，始终守候着我在"黑暗中跃进"的那些我擅自爱恋的九位女性，因为有你们在身边为我喝彩，我才能努力到现在。

请让我在这里感慨万千地向你们说声谢谢！

将来我还会继续在"黑暗中跃进"，而这本书姑且算是人生某个段落的总结。

我要将此书献给你们九个人还有我的母亲。

在这次通读校样的过程中，发生了一件对我打击甚大的事件。我几乎每天都惶惶然夜不成眠，但这个事件事总会像恍如昨日般的记忆重新被唤起。倘若人生必须在原谅与被原谅之中度过，那么与其骗人，不如被骗，与其利用人，不如被利用。对我来说，这就是人生。不过多亏这个事件，让我再次下定决心重新展开已经中断将近二十年的重量训练。

没有付出就没有收获。

这句话经常用来鼓励参与重量训练的人，但同样适用于人生和工作与恋爱。

我只朝痛苦的黑暗之处迈进。

2006 年 12 月 29 日 五十六岁生日的夜晚

见城彻

我所爱的同胞和那些驯从的遗传基因啊

别想以温暖的爱情让我沉睡

别想要我肯定你们的一切

活着是为了反抗主流

我要走向阴暗秩序的最底层

在处刑之处安眠

因为灾难的预兆一定会将我唤醒

选自　吉本隆明的诗集《因为那年秋天》

图书在版编目（CIP）数据

编辑这种病／（日）见城彻著；邱振瑞译.—杭州：浙江大学
出版社，2012.3
  ISBN 978 - 7 - 308 - 09678 - 2

  Ⅰ.①编… Ⅱ.①见…②邱… Ⅲ.①出版工作 - 编辑工作 -
经验 - 日本 Ⅳ.①G239.313.2

中国版本图书馆 CIP 数据核字（2012）第 027758 号

编辑这种病

[日] 见城彻 著 邱振瑞 译

责任编辑 叶 敏
装帧设计 Ardos 工作室
出版发行 浙江大学出版社
          （杭州天目山路 148 号 邮政编码 310007）
          （网址：http：//www.zjupress.com）
排   版 北京京鲁创业科贸有限公司
印   刷 北京中科印刷有限公司
开   本 890mm×1240mm 1/32
印   张 7.5
字   数 162 千
版 印 次 2012 年 6 月第 1 版 2012 年 6 月第 1 次印刷
书   号 ISBN 978 - 7 - 308 - 09678 - 2
定   价 28.00 元
